百/年/教/育/经/典/文/库

蒙台梭利
早教经典系列

蒙台梭利儿童教育手册

〔意〕玛利亚·蒙台梭利 ◎ 著

编者的话
DR.MONTESSORI'S OWN HANDBOOK

育儿先育己

他们，是现代家庭教育理念的鼻祖

他们，是作品长销数百年的幼儿教育大师

他们，改变了无数儿童的命运

感谢他们为幼儿教育所做的贡献

每个人的成长都必然基于家庭、基于父母。若把家庭比喻为一棵树，父母就是根基、树干，孩子就是树上的果实。

想要果实长得肥硕，就得根基粗壮、枝繁叶茂，还要定期修剪枝叶，让树和果实都能萃取充足的阳光雨露。根基即"己"，枝叶即"言行"，修剪枝叶则为"身体力行"。

养育孩子的终极目标并不单单是为了培养一个听话、顺从的孩子。我们希望自己的孩子有着良好的道德品质，成为一个负责任的人，并能对社会有所贡献；希望他们有能力在生活中为自己做决定，享受自己的才华所创造的成就，享受生活的全部乐趣；希望他们和朋友有着良好的友谊，未来能拥有和谐美满的婚姻，并最终成为称职的父母。

正是基于此，"中外百年教育经典书系"系列第一批，收录了《卡尔·威特教育全书》《斯宾塞快乐教育法》《塞德兹全能教育法》《斯特娜自然教育法》《夏洛特·梅森家庭教育法》和蒙台梭利早教经典系列（《蒙台梭利早期教育法》《蒙台梭利儿童教育手册》《童年的秘密》《发现孩子》《有吸引力的心灵》）共十本西方教育经典著作。

在西方国家，平均每五个家庭，就有一个家庭看过这些书。在后期，我们还将陆续出版更多国内教育学家的经典著作。

这套丛书能够在人们日益关注教育、家庭、学校和社会问题的大环境下与读者见面，其意义不只是让更多的人了解这些经典教育理念，更多的是激励父母们真正行动起来，全身心和孩子在一起，陪伴他们一起游戏和生活。父母们参与这些过程，本身就是在陪伴孩子成长，也是在实践教育，这才是真正面向未来的教育。

把这些教育大师的著作引入中国不仅意味着中国家庭教育系统的发展，同时也意味着父母们越来越多地重视亲子教育对于孩子一生的重要性。不管父母们为何阅读这些经典教育作品，但有一点非常清楚，那就是在家庭生活中保持对亲子教育的持久关注是极为重要的，而这些经典著作恰恰能帮助父母们更好地了解孩子、与孩子一同成长。

阅读大师的著作，尤其是阅读教育大师的著作，应该成为每一个家庭教育过程中的重要组成部分，它应该被珍惜。尽管有时候父母们可能并不能完全理解教育家们的全部思想，但过去众多的事实证明，这种阅读经历是最有价值的。

当你阅读完这整套教育经典书系后，你一定会发现，自己在这个过程中获得了最有意义的收获和成长。当然，这种收获并不仅仅限于知识理论，更重要的是指导日后的亲子生活和教育过程。

《卡尔·威特教育全书》——优秀的孩子不是上天赐予的，而是教育的结果
《斯宾塞快乐教育法》——人生就是为了笑起来，其他的都是细枝末节
《塞德兹全能教育法》——孩子的欲望和好奇心是多么宝贵
《斯特娜自然教育法》——学会尊重孩子，让孩子顺其自然地成长
《夏洛特·梅森家庭教育法》——家庭是教育孩子的第一站，也是最重要的一站
蒙台梭利早教经典系列（共五册）——最科学、最深刻揭示孩子的成长规律

这套经典书系与其他版本的不同之处，在于它没有提供太多对于原文的解读和分析，而是更多地还原了原著本身的内容和叙事情境，让父母们能在阅读大师著作的同时仍不忘怀有一颗初心。一万个人眼中有一万个哈姆雷特，我们相信，父母们用心去体会那些教育大家的幼儿教育理念，将对他们未来的教育过程产生非常积极的影响。

在这套书中，"讲述故事"是作者的基本写作方法，他们将自己的教育观点和独到见解全部融入事例现场，融入对一个个具体事件的讲述之中。正是这种生动性，才让读者读起来融会贯通。我们的版本着眼于指导现代家庭，让这套幼儿教育理念适用于当今的家长，这是教育学家们在20世纪的研究中没有涉及的一点。

在斟酌了内容的轻重程度后，我们更希望这本书能给当下的家庭教育带来更为实际的指导作用。我们所做的就是在容易理解的基础上，加入更多与现代家庭头疼的教育问题相呼应的办法，让家长流利阅读的同时，也可以更直观地学到现实操作方法，这是作为编辑的我们更希望呈现出来的方式。

对一本书而言，每一个版本都是一次与更多读者相遇的机缘。而我们只是庆幸，在这一番相遇中，有自己的一点不足道的付出与许多弥足珍贵的获得。作为编辑，自当对每一本经手的书稿尽心，但总有些书稿比其他书稿更尽心些，而这一套教育经典应当值得我们这么去做。

希望这套书里的每个单本都能找到喜爱它的读者，能持续为中国家庭提供权威可据、编排合理、有指导意义的教育经典。

成功育儿的关键并不在于高深复杂的理论、详尽周全的家庭规矩或者晦涩难懂的行动教条，而是出于你对孩子深深的爱和感情，并通过共情和理解等方式简单地呈现出来。毫无疑问，这套丛书的出版是送给父母和幼儿老师的礼物，而家长们和教师们的行动才是送给孩子童年最珍贵、最有价值的礼物。

序 言
DR.MONTESSORI'S OWN HANDBOOK

蒙台梭利：
为全世界孩子带来福音的伟大女性

蒙台梭利是意大利著名的教育家、哲学家和医生，她以革命性的教育哲学与儿童教育方法闻名于全世界。因为蒙台梭利在世界教育中的卓越贡献，她被美国公众称为"非凡的教育工作者"，美国著名教育家杜威也称其为"历史上最伟大的女教育家"。

蒙台梭利结合自己多年来在特殊儿童学校和儿童之家的实验，通过给孩子自由和观察的方法，洞察了儿童心理发展的秘密，并形成了对世界教育具有革命性影响的儿童观念和早期教育法。如今，蒙台梭利教育法风靡全球，仅美国就有5000多所公立和私立学校推行其教育理念和方法，蒙台梭利学校遍及世界100多个国家。

随着社会的变迁，蒙台梭利教育思想会越来越体现出其不可估量的价值。虽然她的教育思想看上去似乎过于理想化，但这只是因为我们千百年来的传统教育观念根深蒂固，且潜藏着太多我们自己无法意识到的错误。她的教育法以实验为依据，科学地揭示了儿童生命成长和精神发展的规律，她向我们指明了方向，如果我们朝着这个方向前进，必将对人类作出巨大的贡献。

  为了更好地传播蒙台梭利的教育理念，我们策划出版了这套丛书。蒙台梭利的原著深奥难懂，丛书在尊重原著的基础上，为适应我国读者的阅读习惯，方便读者对蒙氏教育法的理解，我们对原著内容进行了适当的调整、梳理和删减，用通俗易懂的语言来展现蒙台梭利博大精深的教育思想，做到既尊重原著内容，又通俗易懂，且更具操作性、可读性及本土化、实用化。

目 录

DR.MONTESSORI'S OWN HANDBOOK

育儿先育己　　　　　　　　　　　　　　　　>>3
蒙台梭利： 为全世界孩子带来福音的伟大女性　　>>7

第一章　蒙台梭利教育体系的探究历程　　　>>11
第二章　正确理解和对待孩子的爆发现象　　>>21
第三章　一种新型教育理念的诞生　　　　　>>31
第四章　创造满足儿童身心的"儿童之家"　　>>41
第五章　促进儿童身心发展的教育方法　　　>>51
第六章　注重孩子的运动神经培养　　　　　>>55
第七章　利用教具对孩子进行感知培养　　　>>63
第八章　教孩子学习正确地使用语言　　　　>>91
第九章　尊重孩子是教育的前提　　　　　　>>99

第十章 让孩子掌握书写的能力　　　　　>>105

第十一章 给孩子最好的音乐教养　　　　　>>119

第十二章 用木棒和卡片训练孩子的计算能力　>>125

第十三章 教育中的自由与规则　　　　　　>>137

第十四章 蒙台梭利核心教学理念的阐释　　>>145

第十五章 蒙台梭利学校对老师的要求　　　>>157

第十六章 在教育前先学会正确观察孩子　　>>169

第一章
蒙台梭利教育体系的探究历程

在教育前,先了解教育方法的父母,更容易获得成功。

——美国教育家 托马斯·利科纳

阅读提要

　　孩子体内存在着巨大的潜能，对人类文明的发展起着重要的作用。因此，我们必须关注孩子的发展，并寻求适当的方式方法来帮助他们。

　　要想办法跟儿童的心智合作，抓住特殊敏感期对孩子进行教育，能让孩子得到更大的能量和健康。

　　一定要帮助孩子运用内在能量，让孩子健康成长。

第一章 蒙台梭利教育体系的探究历程

教育改革必须着眼于儿童。时代在进步、社会在发展，仅仅关注历史上几个著名的教育家如卢梭、裴斯泰洛齐、福禄贝尔等，是远远不够的。尽管这几个教育家成绩卓著，但如果仅仅关注他们的思想，而不关注现实特别是现代社会儿童的身心发展，是远远不够的。我并不赞同人们把我称为"本世纪最伟大的教育家"，我只不过是在某些方面为孩子代言。事实上我所做的不过是研究儿童，搜集并发表他们所提供给我的信息，这就是蒙台梭利教育法。四十多年来，我致力于儿童研究，刚开始时我旨在帮助一些心智方面发展缓慢的儿童，从医学和心理学的角度出发去了解他们。但是当我用新的方法，从潜意识的心智方面着手研究时，发觉这对孩子帮助很大，于是我将实验和研究拓展到了正常的孩子身上。

儿童之家最早在罗马最贫穷的地区开设，接收3岁以上的儿童。来这里参观的人很多，当他们看到4岁左右的儿童能写会读，感到很惊奇。他们会经常问孩子："这是谁教你们的？"孩子们则会不解地望着那些问问题的人，并告诉他们："没人教我们啊，是我们自己学会的。"于是，在新闻杂志、报纸等刊物上出现了大量的"自然习得的文化"类似的教育观念的报道。一些心理学家认为，他们一定是一些天资聪颖的儿童。在一段时期内我也曾以为这种说法是正确的。但过了一段时间之后，我发现这种观点十分错误。在这种错误认识的影响下，很多儿童只有在6岁以后才能够接受教育，过去大部分的时间被浪费了，儿童的发展受到了极大的阻碍。

通常认为学习的基础是读和写，没有这两项，其他的学习项目将无法进行。就像人要学会说话一样，假如不会说话，那么其他的东西也很难学习。一般情况下我们认为写字是很无聊的事儿，适合于大点的孩子，而我则让4岁左右的孩子认字母，把以前用于智力不足的孩子的实验拿来应用于智力发展正常的孩子身上。我发现，如果仅给孩子们看一些差别较大的字母，他们没几天便忘了。于是我换了一种方法，让人把这些字母刻在了木板之上，使孩子们顺着字母的纹理临摹，他们很快就认得了。哪怕是智力不足的孩子，通过这些教具的帮忙，一段时日之后，也能够写一些字母了。由此可知，对于智力尚未发展健全的儿童来说，对事物的直接触觉都能给他们很大的帮助，何况是智力正常的孩子。因此我做了一些带有字母的简单教具，让孩子们能够用指尖直接接触字母。这些孩子通过教具的帮助，发生了意想不到的变化：他们大约从9月份开始学习字母，到年底时就能写圣诞贺卡了。这种变化是我们意想不到的！此后孩子们便有了更多的探究欲望，对字母还渴望有更深入的了解，如字母的发音。孩子们就像一台台吸尘器，恨不得把所有和字母相关的知识都吸进去。这种表现令人惊讶，但其实不难解释。字母刻在木头上，孩子们的接触实际上是对他们的刺激，图解了存在他们内心深处的语言，帮助他们理解自己所讲的话语。

在孩子们认识生词的时候，其中一些陌生的字母孩子们不认识，很自然他们就会提出疑问。他们渴望获得更多的知识，然后会拼出他们已经会说的词。哪怕这个词更难或者更长，他们都会努力地听写。孩子们会根据老师的读音，从字母盒中找到相应的字母把它们拼出来。当老师读完一遍，回过来重复时，孩子已经用这些活动字母把词拼好了。对于4岁的孩子来说，老师只要念一遍就能完成单词拼写；而对于7岁或者是更大一些的孩子来说，老师反而需要多念几遍，他们才能做到。由此，我了解到孩子的心智发展是有敏感期的。心智就好像软蜡一样，对于一些刺激有很大的敏感性，如果错过了这段敏感时期，这些刺激对孩子的影响就会逐渐变弱。

经过一段时间的酝酿，孩子们会进入书写时期。因为孩子已经知道单词是由多个声音组成的，孩子们通过拼音盒的练习，能够分析且能组成单词了。同时孩子们也熟悉了每个字母的形状，因为他们一遍遍接触过很多次，因此他们能够立刻开始书写单词。就像孩子在 2 岁左右进入"说话爆发期"，心理结构一旦形成，很快就能学会说话。对于受过这种训练的孩子，不用像传统学校那样一字一字地教他书写了。此时，如果孩子们开始会写一两个字，接下来就能写出更多的，直至不久之后能够写出他们所说的话。以后也会不间断地写，他们并不是在完成毫无乐趣的枯燥任务，而是一种内在的对知识的强烈渴望。这种渴望让他们利用手中的任何东西，在任何地方进行书写，如粉笔、石子，在墙上写，亦或是在过道上写，无论何时何地，不管适不适合，他们都要写，于是我们便会发现到处都有字，甚至是面包上。一些穷苦、不识字的母亲因供不起纸和笔，常到学校求助，希望能够满足孩子的需求，于是我们提供了一些纸和笔。我们发现这些孩子在家里仍然不停地写、画，更有甚者睡着了手里还拿着笔。

开始我们给孩子们设计了具有特别线条的纸供他们书写，这些线条之间有两倍的空间，接下来会慢慢缩小。没过多长时间，我们便发觉这样做完全没有必要。孩子们在任何纸上都写得很顺畅，有些孩子甚至能把字写得像印刷的铅字一样细小、工整。让人更惊讶的是，他们都把字写得特别漂亮，比普通小学三年级的孩子写得还好。由于他们接触了一样的字母教具，他们写出来的字特别接近，因为同样的字型已经深深植入了孩子肌肉的记忆中。

此阶段的孩子们虽已能书写，但是还不会阅读。这听起来是不是很荒谬？其实不然。通常说来，许多人认为孩子应该先会读然后才会写，恰恰相反的是，我们这里的孩子是先在大脑中分析单词的声音，再把这些单词用活动的字母排列出来，因为孩子们心里知道，每个字母都连带一个声音。这一时期的孩子们恰好处于敏感期，他们具有把字母跟语言联系起来的能力。随着语言的日益增多，他们已经能用手书写这一方式表达，不仅仅局限于口头表达了。尽管如此，此时他们还不能进行阅读。我们曾经认为他们认识的障碍是印刷体跟书写体的区别。在我们给他们讲解两种字体的区别时，孩子们自己忽然就已经能阅读了。由此来看，对于他们来说，任何字体都没有难住他们，甚至是仅出现在月历上面的歌德体。后来我们知道，这是由于拼字五个月之后，在孩子们心中又有了一种对知识的渴望，他们迫切想知道字的涵义。他们的行为就像科学家们研究史前的碑文，对那些字进行细致的观察和比较，试图从未知的符号中找到其中蕴含的深意。孩子们的心中又有了一股新的火焰在燃烧。父母经常说，孩子在跟着大人出去散步时都无法停止对字母的探究，他们会对每一家门店的招牌或广告进行拼读。在孩子们到了 6 岁的时候，就可以读整本故事书了。

此外还有一种学习，即数学学习，它不像语言学习那样容易理解。我们对数学有三种解释：

1. 算术，数字的科学。
2. 代数，抽象的数字。
3. 几何，抽象的抽象。

凭借和孩子们相处的经验，我们在孩子很小的时候，就将这三种数学一块儿教给了孩子，这让很多人觉得不可思议。但我们发现，这种"三合一"的方式特别有效，就像在一个支点上寻求平衡不如三角支撑来得稳固一样。如我们在讲解"数量"时，把个、十、百、千用几何形状（点、线、面、体）来表示，我们设计的数学教具通常也会具有这三种特性。孩子们在学习数学和几何的时候表现出浓厚的兴趣。不久，他们便可以用代数来表示抽象的量之间的关系。这是一项新的令人惊讶的发现。由于数学的学习枯燥乏味又抽象，不像语言学习那样生动有趣，所以我们说孩子们喜欢学习语言，不喜欢学习数学。这其实是我们的偏见，孩子们用行动告诉我们事实完全不是这样的。5~6 岁的孩子非常乐意学习十进位计算，并且他们运算的数都在 10 以上，而我们开始教给孩子的只限于 10 以内的四则运算。让我们出乎意料的是，4 岁大的孩子也是如此，喜欢学习并且特别投入。于是，我们把代数跟几何纳入数学。假如我们用实物让孩子们进行操作,他们会有更浓厚的兴趣。例如,有一个孩子学会了三项式($a+b+c$)以后,他便自言自语道,既然 a 与 b 可以用,那么其他的字母应该也可以!由此可知,孩子们的学习能力是无限的,不愿被禁锢的。

孩子们的发展令人惊讶,就如同语言学习一样,没有任何征兆,我们没有办法追溯其缘由,只能将其看作是一种早期的特殊倾向。我们经过长期观察发现,孩子们对要求有高度准确性的活动有好感,而且难度越大,准确性要求越高,他们越是热衷。这种要求准确性的活动不仅在孩子们的动作中体现出来,也在具有操作性的工作上,亦或是花卉、昆虫的观察探究中都能得到具体的体现。这种追求准确、深入细节的要求是孩子们的一种天然倾向,并且还在向数量方面发展。这是由于算术属抽象的活动,这样能够把准确性带到抽象的层面上。孩子们从具体的实物开始,慢慢走向抽象的数,再进入更抽象的代数阶段。他们在学习的过程中经过三个领域,即实物、抽象、代数,每一领域里都会遇到准确性问题,因为孩子们特别入迷,就会让他们十分热衷于了解这些"单位"游戏。大哲学家同时也是物理学家的巴斯卡给了我们特别大的启示,他曾经潜心探究过数学。他认为人类的心智有着数学的特性,人类的进步发展就是由此开始的。他的这一说法得到了大众广泛的赞同,这是由于在传统学校里,数学是最枯燥、最让人提不起兴趣的科目。而此时,儿童之家的孩子们证明了巴斯卡的观点是正确的。

接下来让我们进一步来研究巴斯卡的观点,在他看来,全人类的行为都围绕着环境展开,并且这些活动会越来越精准。这种精确性只能够借由人类的心智来完成,因此证明了人类的心智具有数学的特性。追根溯源,人类的心智正是着眼于改善环境、解释周围的事物、阐释发生的各种现象。要说明这一切,就要求准确地了解这些事物,并且把准确性定为追求的目标。由此可知,巴斯卡早在 200 多年以前就已经发现,人类的基本特征之一就是追求准确性。

人们经常会提到孩子们在学习过程中容易产生疲劳。我们通过观察6岁以下的孩子，了解到了活生生的事实。孩子们在传统的学校里很快就会疲倦，而且老师再教导他们很难，因此，提前进入学校学习对孩子们来说是一件很残酷的事情。作为爱护孩子的父母，他们希望孩子们在那里玩耍、睡觉就可以，不用再做其他的事情。我们通过观察得知，实际上孩子们对传统学校的作息模式特别厌恶，他们会通过各种调皮的方式表示抗议。我们通过对3~6岁、甚至是更小的孩子进行观察，并没有发现这些孩子在学习时存在疲劳问题，相反他们越学越有活力。事实证明，并不是一切活动都会带来疲劳感。如，我们吃东西的时候，上下鄂、牙齿会不停地活动，这能够给人的肌体带来新的能量；健身运动也能给人带来活力，并不会让我们感到疲劳。孩子的心智发展亦是如此，他们不仅不会疲劳，相反能够通过活动使得他们得到更大的能量和健康。造物者的初衷是赐予孩子强大的学习能力，让孩子能够不断地接受新知识，但传统的教育模式却让孩子在玩耍、睡觉中错过学习接受新知识的"敏感期"，让他们丢掉了这些宝贵的东西。无论如何，孩子是不会停止吸收、停止活动的，哪怕没有什么东西可供他们吸收学习，他们也会通过玩耍来满足自己。

有心理学家曾经说过，一定要让孩子们游戏，这是由于游戏能让他们渐趋完善。孩子会不断吸收身边的所有信息，了解自己所处的环境，然后在过去与未来之间缔造一座历史性的桥梁。他们总结出一个结论：我们只需静静地观察他们，不要去干涉他们。孩子们是在游戏和生活里学习各种知识，不需要别人的帮助，给他们时间与空间让他们自己玩即可。值得注意的是，孩子们如何在各种复杂的环境中去学习吸收各种新知识呢？仅仅是做各种游戏吗？由此可知，这一理论在某些方面还存在着相当的矛盾，我们一边说在吸收期里我们要加强同孩子之间的交流，一边又说让孩子独立玩游戏，不要去干涉他们，让他们有自我发展的空间。这种说法我们又要怎么来解释呢？

我们可以具体问题具体分析，假如说3~6岁的孩子能够自然、自觉地吸收知识，我们就可以找准时机，结合环境中的各种设施和教具，让孩子们在各种活动中进行探索学习。我们在孩子身边放置各种教具，并且允许他们模仿成人，让他们在3岁之前就开始发展的一些能力慢慢成熟，这就是我们在帮他们融入现代的文化，学习现代的知识。我们给他们的不仅仅是玩具，也不会拿着各种玩具当作诱饵，如娃娃、玩具兵等。孩子们会更喜欢什么呢？在我们把蒙台梭利教具拿出来给孩子们的时候，他们便争着去拿，他们对这些教具的喜爱程度至今令人难以忘怀。孩子们长期被束缚的心灵突然得到了释放，面对这些能让他们成长发展的教具，他们的心灵是那样的如饥似渴，就如同饥饿的狮子在吞食猎物一样。就这样，孩子们开始融进现代的文明，并承袭了人类的文化。

面对孩子们体内存在着的巨大潜能，并且我们也知道了孩子对人类文明发展的重要性，因此，我们必须细心关注孩子的发展，并寻求适当的途径来帮助他们。与其盲目相信玩具能给孩子带来魔力，不如相信孩子们自身所拥有的巨大潜能。如果我们从直觉上对孩子的发展有了认知，我们需要研究出一种实用的教育方法，能激发孩子的潜能，帮助孩子学习运用自身的这股巨大能量。

蒙台梭利教育启示

1. 在教智力尚未发展健全的儿童时，可以多刺激他们的直接触觉，利用一些简单的玩具或教具，帮助他们学习各种知识。

2. 我们经过长期观察发现，孩子们对要求有高度准确性的活动有好感，而且难度越大，准确性要求越高，他们越是热衷。

第二章
正确理解和对待孩子的爆发现象

  每个孩子都有生命爆发的一瞬间，有的孩子有机会实现飞跃进步，有的孩子连爆发的机会都没有，因为受到了父母的提前压制。

——德国教育家 赫尔巴特

阅读提要

在孩子的成长中，常常会出现"爆发现象"，即孩子在某方面的能力突然得到了大的发展。父母要创造没有阻碍因素的环境，让"爆发现象"在孩子成长中出现。

事实上，孩子在0~3岁这个时期，从环境中吸收了一切，所以在3~6岁时能够集中注意力思考，发生各种"爆发现象"。

父母要给孩子提供精神的食粮，让孩子不断实现飞跃性的进步。

第二章　正确理解和对待孩子的爆发现象

我的早期实验，孩子"书写爆发"现象，最早引起了社会公众的注意。这不单是孩子书写的爆发，更是他们内在潜力的爆发。从表面看上去很稳定的一座火山，仿佛是永远不会变化的，可是它内部蕴藏着的岩浆、火焰，有一天会穿透地壳迸发出来。我们实验所说的爆发现象也是这样。孩子们发展的背景几乎是空白的，他们没有课本，没有教条，缺乏老师，他们贫困无知，一片空白。正是由于环境里没有能够制约它的因素，因此能够发生这种爆发现象。也正是因为这些原因，孩子们的灵魂才得以无拘无束地展现。此时一切阻碍都变得无影无踪，也没人知道障碍到底是什么。对此，我有一点要特别指出来，我们所说的爆发现象并不存在"方法"，因此不能说爆发是由"方法"引发的，只是随着心理学对它的追踪、研究，方法才得以建立。这是由孩子的内在潜能爆发导致的结果，所以，媒体将其称为"人类心灵的发现"。

随之产生的科学也不是建立在直观思维的基础上，而是建立在直接的知觉上。我们将长期观察到的事实分成两类：第一类显示孩子在很小的时候，他的心智就能够学习文化知识，并且仅凭自己的活动来吸收；第二类是孩子的个性发展要及早开始。传统的教育理念认为，过早对孩子进行能力和性格的培养意义不大，因为他们认为是成人的教导才使得孩子拥有良好的性格。其实不然，改恶向善是一个人一生都要做的事情。孩子在 3~6 岁这一阶段是其性格发展的一个很关键的时期，假如没有阻碍，每个孩子都会按照自己的方式去成长。

早在 0~3 岁这个时期，孩子在其生长的环境里就吸收了一切，所以在 3~6 岁这一时期能够集中自己的注意力去思考他们头脑中的事情。他们学到的任何东西在头脑中都会留有很深的印象，在能说话后，语言爆发期随之而来。到孩子 5 岁半到 6 岁之后，语言的敏感期就会慢慢消退，在这一时期他们开始学习书写并且对书写特别感兴趣，并乐此不疲，但是到了 8、9 岁时便不再有这种热情了。由此可知，孩子需要经过"间接预备"阶段才能动用相关器官进行书写，"间接预备"这一概念已经成为蒙台梭利方法的一部分。其实，生物的胚胎期就是在做间接预备，在器官没有形成之前，根本就不会下达任何命令。对于孩子而言也是如此，仅仅通过模仿或强迫其学习不会产生任何效果。因此，我们要使孩子的心灵有一个自由的发展，就一定要给他创造一个良好的"预备好的环境"。

孩子小的时候，在语言发展方面特别是口语方面的进步似乎是按着文法的次序发展的，它是一个渐进的过程，一般是由声音、音节到名词、形容词、副词、连接词、动词以及介系词等。因此，第二时期我们同样也应该按照这个文法顺序来进行。可以说，我们的语言教学就是在教他们学习文法。其实，在孩子 3 岁左右的时候就可以教他们文法，甚至可以在他们开始读与写以前就开始。很多人认为这种做法是错误的，可实际上此时的孩子对学习表现出极大的热情，年龄再大些的孩子反而比不上他们。文法是语言的结果，让孩子尽早学习并吸收它，对以后的学习将大有帮助。

我们这里的老师受教育程度不高，可是他们发现孩子们特别喜欢学习新字，并且能做到学多少就写多少。在老师把自己的知识都教给孩子们之后，孩子们则跑到我这里来，让我教给他们更多的字。因此我便有了一个想法，看看他们能否接受更深的专业术语，例如多边形、梯形等表示不同意义的名词，还有其他一些难度大一些的词。没想到孩子们在一天之内居然轻轻松松地学会了。随后我们给孩子们介绍了一些科学实验器材，例如温度计、气压计等，此外还有一些有关生物学的名词，例如花瓣、雌蕊、雄蕊、花托等等。

他们学得同样认真,并且想跟着我们学更多的东西。一般来说,3~6岁是孩子最大限度追求词汇量的时候,不管多长或者多难的词,哪怕是动物学、地理学甚至其他学科的专业术语,他们都表现出浓厚的兴趣。这个时候,困难反而出现在老师那里,老师对一些专有名词、专业术语很陌生,很难记住它们的意义。

孩子们头脑中对事物的含义,已能渐渐突破眼前的限制表现得具有想象力。在游戏里他们将桌子当房子,椅子当马,可以幻想出仙女以及仙境的模样,假如身边有地球仪的话,他们或许能想象出美国或者世界的景色。

当一群6岁的孩子在谈论地球仪时,跑来一个不到4岁的孩子,他对大一些的孩子说让他看看,并且还对孩子们说自己的叔叔环绕过地球三次,真是太神奇了,原来叔叔环绕世界三次是这样的。同时他也明白了,眼前的地球仪仅仅是个模型,真正的地球要大得多。

还有一个将近5岁的孩子,也想看那群大点的孩子们玩的地球仪。大孩子们正在谈论美洲,他们没有注意到这个小一些的孩子,直到他打断了他们的谈论,他问:"纽约在哪儿?荷兰在哪儿?"6岁的孩子们便指给5岁的孩子看,5岁的孩子又对着地球仪上的一块蓝色说:"这是大海!爸爸一年之中要去两次纽约。爸爸一出发,妈妈便说爸爸在海上了。没过多久,妈妈告诉我,爸爸到纽约了。再过了一段时间,爸爸又在海上了,接着我和妈妈便要到鹿特丹去接他。"这个孩子此前听过许多关于美国的事情,现在能在地球仪上找到美国的具体位置,他感到特别高兴。这个孩子在他的心智地图上找到了一个定位点,就像心中的想法在外部世界找到了一个定位点一样。孩子心智世界建立的过程,就是先从家长那里了解到很多词汇,接下来通过想象力理解这些词汇,最后把心中的想象与真实的环境联系起来。

一般来说,6岁以内孩子的联想力,大多都是在玩具和一些不真实的故事上面,但是通过上述现象,我们其实可以使他们想象现实生活中的事物,让孩子能够更准确地理解真实的环境。

3~6岁的孩子还有另一个众所周知的特点，便是好问问题，特别想了解事情的真相。此时，作为成年人，对孩子的种种问题不要感到厌恶、烦躁，而应将其视为有意思的事情，因为我们面对的是一颗渴望知识的心。同时还要注意一点，孩子毕竟还小，他们不能接受太长的解说，只给他们简单的答案即可，而且要尽最大努力拿实物进行说明，就好比拿地球仪来给孩子们解答地理问题一样。

由于不是仅仅通过逻辑思考就能解决孩子们的各种问题，因此老师要做好充足的准备。我们要放弃先入为主的观点，去了解孩子们在前一阶段的发展情况。我们要有足够的机智和灵敏去对待那些3~6岁孩子的心智。值得高兴的是，孩子们在现实环境中学到的比跟着老师学到的要多得多，因此，老师只需在一旁多留心孩子们，在他们有困难时给予引导就足够了。

还有一个问题，即孩子的性格与道德教育，也需要从不同的角度来关注。孩子的性格没有办法教导，成人能做的只是协助孩子性格形成。性格的培养，最重要的阶段是6岁前。到孩子6岁时，他的性格已经形成。性格由他自己内在的本性自然形成，不受外在压力的影响。一个人出生后的头三年是性格形成最关键的时期，有很多因素可以对孩子的性格产生影响。假如一个孩子从母亲怀孕开始，到胚胎、出生、产后这一完整的过程都受到了科学的照料，那么到了3岁时，肯定能成长为特别模范的个体，可这只是一种理想的状态，因为会有很多阻碍的因素影响其正常的成长。

假如一个孩子的性格缺陷是由产后的各种原因造成的，那么其程度就没有怀孕时造成的影响严重。假如是产后造成的缺陷，那么孩子在3~6岁这个阶段还能弥补，因为这一时期是调整修复期。假如孩子的性格缺陷是在出生时受到惊吓，或者像智力低下、癫痫、瘫痪等官能性的因素，就很难治愈了，无能为力。面对这类官能性的问题，假如在6岁之前能进行治疗，或许还有希望能有所改善，不然会变得更加严重。

一个6岁的孩子身上假如有本不应属于他这个阶段该有的性格，那么这是他从身边的环境或自己所经历的事件中得到的。如果一个孩子在 3~6 岁时没有受到足够的重视，那么等到他 7~12 岁发展性格和道德的时候，就有可能会出现问题。孩子会显得力不从心，缺乏道德品质或学习能力，带着曾经受到的伤害，成为一个心灵上伤痕累累的人。

在儿童之家以及其他的一些现代化学校，对每个学生都备有生理状况记录，以便了解孩子在各个阶段的发展状况，并且根据这些资料提出相应的解决办法。我们会询问学生是否有遗传性疾病；出生时父母的年龄；母亲在怀孕期间是否经历了意外事件以及其神经有没有受到创伤；生产过程是否顺利，有没有因难产导致窒息现象等。关于家庭生活，我们特别关心孩子的父母甚至保姆对待学生的态度是否严厉，学生有没有受到过惊吓。了解孩子的这些情况非常有必要，因为来到我们儿童之家的孩子几乎都带有怪异和调皮的性格，只有了解到了根本的原因，才能给予有针对性的治疗。

这些脱离常态的偏差行为会渐渐形成孩子性格的一部分。偏差行为进入孩子的性格中，大体会出现两种情况：一种是，性格坚强的孩子表现为对抗的态度；另一种是，性格较懦弱的孩子表现为屈服。性格坚强的学生有一些特点，如随时都会发脾气、反抗、破坏、对东西贪得无厌的占有、自私、心不在焉等。这类学生经常大吵大闹，对小动物没有爱心，会虐待、戏弄它们，更是好吃嘴馋。性格懦弱的学生给人的感觉是比较被动，他们的偏差行为表现是比较消极的，也会有一些现象发生在他们身上，如，动作迟缓、容易发呆、爱哭、具有依赖性、怕生、离不开大人等；要有人常陪着，但还会感觉到疲惫无聊；更有甚者还有说谎、偷盗等坏习惯，他们用这些方式当作自我防卫的重要方式。

有时伴随着这些症状还会出现一些生理性的疾病，这些很有可能是由于心理疾病引起的，我们千万要区分清楚。例如，厌食症、贪食症引起的肠胃不适；经常做噩梦、怕黑，以致引起贫血症。这些症状都无法用药物治愈，因为它们都是由心理问题引起的。

孩子假如有了这些毛病，会表现得很激烈，父母会感到很不幸，孩子对于父母来说如同烫手的山芋，不知该如何应对，只好把孩子送去托儿所或幼儿园。对于这些孩子来说，父母虽然都还在，但是他们仍然感觉像孤儿。还有一些父母则会采用严厉的管教方式对待孩子，例如掌嘴、打骂、不让吃饭就把孩子轰到床上等，这样孩子可能变本加厉，亦或变为消极抵抗。之后父母或许改用劝导的方式，动之以情、晓之以理，问孩子为什么要让妈妈伤心等，但这些对孩子来说都没有什么作用。消极、退缩型的孩子总是很听父母的话，父母怎么说他就怎么做，此种类型孩子的父母一般认为孩子听话、乖巧。孩子总是围绕着妈妈，没有妈妈的陪伴就无法入睡。此时，妈妈则以为这是孩子爱自己的表现。可是不用多久，妈妈就会发觉自己的孩子在走路跟说话方面发展得要比别的孩子迟缓。尽管孩子很健康，可是胆子却很小、没有食欲，需要大人一直给他讲故事来哄他。此时，妈妈们还在自我安慰说，自己的孩子不过是神经质或者过于敏感了一些，未来或许能成为诗人或者是哲人，那么过不了多久，孩子就需要借助药物来治疗了。

  早期我们学校很出名的一个原因，就是在这里孩子们身上的一些消极症状消失了。其中很关键的一件事就是，我们这里为孩子们准备了适合他们的环境，孩子们可以无拘无束地去学习，完成他们的工作。这些"工作"能够让孩子们饥渴的心灵得到充足的滋养，激发他们潜藏在体内的学习热情。一旦孩子们的热情被引发出来了，他们就会反复地做练习，他们的专注度很高，可以从一个活动挪到下一个活动。当孩子们靠着兴趣的吸引，达到了专心的程度，消极的症状就会逐渐消失了。杂乱无章的变得有条有理，那些被动的甚至是爱捣乱的孩子也变成了帮助者。由此看来，孩子的消极性格并不是他们真正的本性，而是由环境造成的。所以，我们给父母特别是母亲的建议是，要让孩子做自己感兴趣的事情，当他们在活动时不要轻易打断他们。我们对那些爱惹麻烦的孩子不要感情用事，给他们糖果、用药物治疗、采取严厉的态度，对于他们来说都不管用，更不能说孩子是白痴。我们要了解孩子，他们需要的是心灵的食物，所以说以上的方法对他们来说根本不起作用。

对于人来说，人们对精神粮食的需求超过了对物质的追求，这是人的天然本质。不同于其他动物，人必须按照一定的方法安顿自己的生活，即在生活和相关的经验里构建自己的种种行为，如果能照着这一路径来安排他的生活，便就没有什么问题了。

蒙台梭利教育启示

1. 在解答孩子的问题时，父母要注意，孩子太小，不能接受太长的解说，给他们简单的答案即可，而且要利用实物进行说明。

2. 孩子需要精神食粮，父母要让孩子做自己感兴趣的事情，在活动时不要轻易打断他们，让他们在生活和相关的经验里构建自己的种种行为。

第三章
一种新型教育理念的诞生

新的教育理念,给教育带来了新的希望。

——美国现代教育家 约翰·杜威

阅读提要

　　人格在婴儿时期便已经存在，阻碍孩子成长的任何行为，都会在日后对孩子人格的形成有所影响。

　　孩子敏感期的教育，比以后任何时期的教育都要重要。成人必须要保持顺应的情绪，不能盲目粗鲁地进行干涉，把对孩子的阻碍减到最小。

　　所以，现在就开始观察孩子，做出有助于孩子发展的行动吧！

教育是否从孩子一出生便开始了，一直是大家讨论的热点问题，尽管对于如何进行早教尚未有人论及。乍一看这个问题好像理论性特别强，似乎很不注重实际，至少不像孩子身体健康这个问题有一些具体的参数作为指标。

有医生给不到1岁的孩子开设了一所特殊的学校。在那里，孩子们能够受到一些教育，如接受一些有关手与脚的运动课，为他们以后在生活中能灵活使用手脚做一些准备。我感觉这种做法不完全正确，因为这项活动没有考虑到娇弱的婴幼儿有可能会因此受到某些运动伤害，更何况婴幼儿本身需要学的东西也很多。当然，我们也不能对他们太过保护，不让他们做任何运动也是不行的。我们对婴幼儿的活动原则应该有清楚的认识，千万不要用前面所说的特殊学校的教育方法对新生儿进行教育。成人在教孩子如何进行手脚运动时，很显然是在把成人的活动方式传递给孩子，这是个普遍存在着的错误。成人不要对孩子的行为乱加干涉，要使孩子按照自己的天性去发展，不要把他们培养成一个小大人。

孩子们的肢体运动最好顺应内在的生命，发自他们内在的意愿。要使孩子们的肌肉获得正常的发展，必须依照孩子们自身的意愿行动，这是由于他们身体活动本身是他们意愿的传递。我们只有安静地等着孩子自己体内的生命做安排。为了这些，我们需要静观其变，通过各种渠道去了解孩子的成长过程。我们要仔细观察孩子，并从中总结出一些方法，由于我们还没有办法跟孩子直接用语言沟通，无法了解孩子的需要，所以通过一些方法能让我们尽可能地了解孩子。当然，这些方法必须建立于观察所得的确实性上。

通常我们认为，孩子是一个麻烦的家伙，他们的身体不能自主、需要大人给予无微不至的关怀，一哭起来吵得人们不能安宁。在孩子出生的第一年，成人只会从生理健康方面照顾他们，根本没有注意到他们的心理发展和心理需求。其实，人格在婴儿时期便已经存在的看法是完全正确的。阻碍孩子成长和发展的任何行为，都会对日后孩子人格的形成产生很大的影响。

孩子出生伊始，我们就可以试探着从一些难以捕捉的表情和动作去探寻孩子心理发展的过程。教育学家所指的"软蜡"，一般是指孩子的婴幼儿时期，他们认为此时期的孩子能够适当进行塑造。"软蜡"观念本身并没有错误，错就错在这些教育学家们认为孩子们的性格是由他们来塑造的，其实不然，孩子们的性格是由他们自己塑造的。事实上，孩子能自发自觉地塑造自己，正确的理念应该是让孩子通过各种方式确认自己并塑造自己。

此时，成人被孩子们看成了无所不能的大师，虽然他们可能会粗鲁、茫然、不合时宜地介入孩子的自我塑造过程，将孩子在"软蜡"上自己画出的轮廓毁掉。我们把成人的这种干扰行为称为十恶不赦，也一点不过分。

哪怕成人这样做并非出于本心，却在事实上给孩子们造成了某些伤害，破坏了他们小心翼翼建立起来的一些内心的东西。孩子们在成人不注意的时候又会重新建立起自己的一些活动，但成人发现之后又会将其破坏得干干净净。两代人之间的这种冲突一直持续到孩子们彻底投降，从此之后孩子们不会再发表自己的意见，更不会再做自己喜欢做的事情。

由此看来，在孩子的这段敏感期对孩子进行教育是多么重要。实际上，此时期的教育比以后任何时期的教育都要重要。成人一定要顺应孩子的自然成长过程，不要盲目粗鲁地进行干涉，这是为了给孩子们把阻力减到最小。大家都知道地狱魔鬼跟天神的区别：天神把自己的力量用来创造事物，而魔鬼则是破坏。作为教育家，必须要有正确的方法，用敏锐力去了解孩子，并做出正确的选择，弄清楚怎么做才真正对孩子的成长发展有好处。大人一定要控制自己的行为，我们一定不能用自以为正确的方式，那样有可能会对孩子造成一些不必要的破坏。让孩子自我成长、自由建造，不需要成人的指导。这可能让很多人无法理解，因为大多数人认为成人才是孩子性格和品德的塑造者。大人需要抛弃掉这个错误的观点，静下心来思考一下自己犯的错误。

在我们迈过这一步之后，下一步我们要试着去多了解孩子的人格。教育者最重要的教育责任是观察孩子的人格形成，并且对这一人格要有充分的尊重，不管是教育新生儿，还是大一些的孩子。其实平时我们嫌孩子吵闹而不愿意跟他们在一块儿时，这样做就是对孩子不够尊重的表现。大人们感觉舒适的事情，对孩子也照着做准不会错。我们平时在吃晚饭的时候，把孩子放在另外的房间里，他会哭闹不止，原因是我们把他单独放到了一边，把他隔离了，很明显这是大人对孩子不尊重的表现。正确的做法应该是，我们对孩子要像对待其他任何人一样，让他跟我们一起吃饭，并深感能与孩子坐在一起吃饭是一种"荣幸"。成人应多与孩子亲近，并使自己愿意与孩子多待在一起。

一些人以为，让孩子和大人一块吃成人吃的饭菜，会影响孩子的健康，其实我们没必要为此顾虑太多。成人已经做了很多伤害孩子的事情却不自知，我们常常会忽视孩子的感受，并因此对孩子造成了伤害，但我们却从未给孩子道歉。

孩子最让人不可思议的地方，就是他们具有灵敏异常的观察力。我们大人想象不到孩子可以观察到的事物，他们都能看到。令人不解的是，我们为什么还要用一些具有明显特征的事物来吸引他们的注意力，如鲜艳的颜色、夸张的手势、高分贝的声音等。其实我们不了解的是，孩子们自身有着很高的观察能力，他们能够吸收很多影像，除此之外，他们还能观察到事物与事物之间的关系。对很多东西成人还没有注意的时候，孩子已对其做了很多的观察和消化吸收。

举例来说，一个仅有 1 月大的婴儿，自出生后从未踏出房门半步，他在这个月里仅见过两个男人，一个是爸爸，另一个是叔叔，这两个人也没有同时出现在婴儿的面前。一天，这个婴儿看到爸爸和叔叔同时出现，他的脸上露出惊奇的神态，一会儿看看这个，一会儿又转头看另外一个，瞅了很长的一段时间。爸爸和叔叔也为此静静地站在一起，让婴儿细细地观察。这时，如果两个人一会儿就离开房间，或者只顾着讲话使婴儿的注意力不能集中，或许不会让婴儿有时机获得如此深刻的观察。这两个男人在走出房间时，也应该慢慢地走出，为的是给婴儿时间，让他细细地分别观察，使婴儿明白爸爸和叔叔是完全不一样的两个人。爸爸和叔叔的行为在我们看来，是在帮助孩子建设他的内在能力，以此达到对孩子教育的目的。

此外，还有一些例子与不会说话或不会走路的孩子有关系。大人抱着一个几个月大的婴儿在餐厅里，婴儿看见画了好多水果的画，他则边望着画，边做出假装吃东西的表情，原本这只是个吃奶的孩子，就是因为他曾经看见过大人吃水果，于是模仿大人的样子。大人看见孩子如此高兴又欢喜，便把他抱到画前让他看，一直到没有多大兴趣了才抱着他离开。这个家长称得上是真正的"教育家"，因为他激起了孩子的内在潜能，模仿成人吃东西的样子，并给予孩子足够的时间去进行这项活动。

另一个例子，有个孩子在大厅里看见芭蕾舞者的雕像，马上翩翩起舞。因为这个孩子见过人们跳芭蕾舞，因此，他明白雕像的姿态便是舞蹈的动作。

最让孩子感兴趣的东西是房间里一些具有某种特征的东西，假如有人将原本不放在房间的东西拿到了房间里，孩子会马上发现，并且会进一步追问是什么。有一个小女孩有一天被大人带到外面去玩，她在墙角看见一块石头并且印象特别深，以后小女孩只要出门，便停下来望望那块石头再走。

毫无疑问，孩子们喜欢灿烂的阳光、漂亮的花朵，同样也喜欢观察小动物，这是因为孩子们具有敏锐的观察力，能把看见的东西在大脑里按照顺序排列。孩子们为了满足自己的观察欲望通常会做一些事情。例如，孩子们会特别仔细地观察大人们讲话时的口型，可是大人们却不知道这一点，认为只有大声吼叫着喊出孩子的名字，才能够把孩子的注意力吸引住。其实根本不用这样，哪怕我们只做口型，不发出声音，孩子们同样会专注地观察。孩子对成人说话的样子很感兴趣，因为他们对语言有种天然的敏感，孩子内在的发展规律要求孩子在这个时候需要完成这个任务。假如我们将一个4个月大的婴儿抱到一个人面前，这个人只动嘴，并不发出声音，这时，孩子会特别好奇地望着眼前的这个人。显然，孩子对大人口型变化的观察能够激发自己的语言模仿能力，这与其内在的发展是相符合的。

接下来让我们看一下较大一点的孩子。我曾经有机会观察过几个日本爸爸，他们对孩子的了解要超过我们。其中一位父亲领着自己2岁的儿子在外面散步，突然，儿子一下子坐到了路边，此时父亲并没有大声训斥自己的孩子，而是静静地等孩子自己慢慢爬起来之后再走。这位父亲并没有不可一世的长者的态度，并且表现出对自己孩子的充分尊重，他的所作所为正是教育家的做法。还有一位日本父亲，他将自己的双脚张开到最大的程度，使自己的儿子跑来跑去地玩耍。这位父亲做这个姿势的时候，虽然可怜，但脸上仍保持着长者的尊严。我特别敬佩这两位爸爸，他们能在育儿的过程中，亦或是在传统的育儿方法中找到适合孩子成长的教育方式，而很多人好像只是急着将孩子教育成大人。

在米兰街头我曾遇见过一个领着孩子穿过马路的母亲，这位母亲还曾经上过我们的蒙台梭利学校课程。当时教堂的钟声正好敲响了，孩子想听完钟声再走，便停下了脚步，但是母亲却没有顾及到孩子听钟声的喜悦心情，只是一味地责备孩子，催促孩子快点走。由此看来，让成人不要总是打扰孩子的成长，不是件容易的事，但是却很有必要。每对父母必须知道孩子的需求，抑制住自己成为孩子生命的塑造者的冲动。我们要充分尊重孩子的成长，使每一个独具特色的个体都能完成心理层面的自我训练。

当前我们仿佛只注意到了孩子们的某些需求，如阳光和新鲜的空气，这两种东西对于人的身体来说，缺一不可，不过他们仅仅是对身体有益。可成人忽略了，从心理角度看，哪怕灿烂的阳光洒遍孩子全身，可是孩子的心里也许连一点光亮都照不进来。因为大人用粗暴无知的力量毁掉了孩子身上拥有的内在力量——缓慢、重要却脆弱的自我构建工作。

　　大人一定要敏锐地察觉出孩子的需求和感受，唯有如此，我们才能给孩子提供适当、正确的帮助。假如我们打算制定一项育儿计划，首要的一项就是一定要让孩子参与到成人的生活之中。原因是孩子在成长的过程中一定要学会仿照大人的行为举止行事，假如孩子没有观察到大人的行为模式，就不能学会怎么做事，就如同失聪的人不能学会说话。在我们要求成人尽可能多地陪伴孩子时，他们总是感觉很困难，这其实并不会占用成人多少时间和精力，这是一个心态问题。一个孩子如果不能模仿大人行事，不能张嘴问问题，那么他就像没有灵魂的躯壳一样。可是由于过去形成的一些偏见，我们提出来让成人多陪伴孩子的观念不能被大多数人接受，他们认为最健康科学的教养方式是，孩子需要特别多的睡眠。干嘛非要孩子睡觉呢？假如我们让孩子留在自己身边，让孩子想睡再睡，这时我们会发觉孩子其实不需要特别多的睡眠。

　　北欧地区的人们坚持让孩子早早上床睡觉，尽管这种做法没有科学依据，可是很多人却接受了它并且没有任何疑义。有一回一个孩子跟我讲，他特别想看看时常听别人提起的一种很漂亮的东西，即星星。因为这个孩子上床睡觉时间特别早，根本就没见过星星。可以看出，这个孩子被规定早早睡觉，他感觉自己进行的心理构建活动简直太累了，因为他不得已要跟成人进行拉锯战，正是成人毁坏了他的构建程序，坚持要他早早睡觉。

　　"不要熄灭冒烟的蜡烛！"这是耶稣教我们要学会宽容。我们其实可以把这个说法用到教育上来，可以理解为"不要熄灭孩子勾画心理生命的软蜡"。对于正在教导处于构建自我过程的孩子的老师而言，这是一项最重大的责任。

　　我们千万不能成为孩子发展的绊脚石，这是我们一贯坚持的教育理念。清楚一定要干的事情，不是很容易，也不是很困难，难度最大的是，一定要知道孩子身上有哪些观点是先入为主的，还有就是对孩子发展没有好处的偏见一定要剔除，唯有如此才能把孩子教育好。

蒙台梭利教育启示

1. 父母在教孩子如何进行手脚运动时，不要把成人的活动方式传递给孩子，而要使孩子按照自己的天性去发展，不要把他们培养成一个小大人。

2. 父母要控制自己的行为，改变自以为万能的想法，试着多去了解孩子的人格，并且对这一人格给予尊重。

第四章
创造满足儿童身心的"儿童之家"

父母关心孩子的身体,给孩子足够的食物,这很好。但是不要忘了,如果孩子在精神上营养不良,一样无法拥有美好的人生。

——前苏联教育家 马卡连柯

> **阅读提要**
>
> 　　随着生活条件的改善,孩子身体上的发展更加顺利。但是,父母要更重视孩子的精神成长历程,让孩子长成一个全面健康发展的人。
>
> 　　孩子需要成长,不仅仅是身体上的,更有精神上的,即进行以"自我形成"为目的的思想活动,而且一定要亲力亲为。
>
> 　　父母把现实生活中的一切给予孩子,孩子才能早点成为自己生活的主导。

随着生活条件的改善,孩子身体上的发展更加顺利。但是,父母要更重视孩子的精神成长历程,让孩子长成一个全面健康发展的人。

孩子需要成长,不仅仅是身体上的,更有精神上的,即进行以"自我形成"为目的的思想活动,而且一定要亲力亲为。

父母把现实生活中的一切给予孩子,孩子才能早点成为自己生活的主导。

近年来,儿童的生活条件有了明显的改善。每一个文明的国家,特别是英国,都有统计表明,婴幼儿的夭折率呈明显的下降趋势。现代社会出生的儿童,他们的体格更强健,身体发育更健康。给我们带来这些显著好处的正是科技的传播和普及。母亲们学习了现代卫生学的一些知识,并将其运用到了抚养和教育自己孩子的实践中。许多社会机构如雨后春笋般应运而生,并且日趋完善,其宗旨就是对于儿童的身体发育给予帮助和保护。如此,一个族群整体身体素质便得到了很大的提升,孩子们身体各方面的发育情况良好,体格更强健,而且能抵抗越来越厉害的疾病的骚扰与侵袭。

科学为什么会带来这样好的结果?它告诉我们一定的原则,为我们提供方法和标准,依照这样的方法和标准,就能让孩子尽可能健康地生活,保证孩子身体的各项机能正常运行,并为孩子的成长提供秩序和规律。例如,科学倡导母乳喂养,摒弃了襁褓的使用,建议给孩子多洗澡,带孩子多到户外走动,提倡让孩子穿着简单朴素,保证孩子有充足的睡眠。这些科学准则还告诉我们,请根据孩子的生理需求进行合理的喂养。

然而,科技带给人们生活的并不是彻底的改变。妈妈们依然忙里忙外地照看着自己的孩子，给孩子穿衣服，喂吃喂喝，一如从前。我们的观点是，虽然都是在忙碌，但是效果会完全不同。一样的身体，假如毫无顺序，茫然地进行照料，可能会导致疾病甚至死亡；假如科学、合理、有序地照料孩子，就能让孩子正常健康地成长。或许，科学最大的进步就是让我们错误地以为自己能为孩子做任何事情。

我们要好好思索一下：我们照料孩子的目标只是将孩子的身体养育得健康、强壮而已吗？难道孩子的成长仅仅需要一个健康、强壮的身躯？若是如此，那他们的命运和我们饲养的小动物有什么区别？难道只是孩子比小动物吃得好一些，住得舒服些，甚至还可以吃这些动物，仅仅是这样的区别吗？

显然，人的命运并不只如此，照看孩子远远没有这么简单，它所涉及的内容比生理卫生学涉及的要广得多。如给孩子洗澡、用婴儿车推着孩子到外面玩等，这些并不能说明大人践行了自己的"人类母亲"的伟大职责。鸡妈妈把自己的孩子召集到一块儿玩儿，猫妈妈用自己的舌头舔着小猫，不管是鸡妈妈，还是猫妈妈，它们给予自己孩子的慷慨的、体贴的爱护和呵护，跟人类给自己的小孩的照顾是没有什么区别的。假如人类的母亲对自己孩子的照料只是这些的话，那作为母亲，她的心思就白费了，她会感觉自己内心更高的渴望被压抑了。

孩子的生长过程不仅体现在身体的发展上，更体现在精神的发展上，每一位母亲都希望了解孩子的内心世界，希望看着自己的孩子慢慢地长成一个身心全面健康发展的人。

科学发展并没有止步，仅仅算是走出了一小步，因为到现在为止，科学还停留在关注人们身体健康成长的阶段。不管怎么样，科学还在继续发展，发扬其从前的一些积极的探索精神，如着眼于改变孩子的健康情况、拯救孩子的生命。

随着科学的发展，它一定会像改善孩子身体健康状况、拯救孩子生命所拥有的探索精神那样，努力地走向未知的世界，去了解孩子的内心精神世界，加强对思想生活的探讨，并最终让人们受益，毕竟拥有内心思想才是人类真正的生活。科学要秉持着积极的探索精神，引领人类的某些东西，如智慧、性格，甚至是隐匿于奇特的精神胚胎里的潜藏的创造力的生长。

因为孩子的身体一定要向外在的环境索取食物和氧气，因此，为了使生理工程，即成长工程尽快地完成，一个人的精神一定要从外部环境里索取供其发展急需的营养。不可否认，孩子的成长本身便是一项巨大的工程。日益坚固的骨骼，日渐成长的身体，大脑的构成和完善等，这一系列的生长都是生理器官在做出实实在在的"劳动"，同时也是身体各个器官在发育期间所经历的必要转化。

上述器官的"劳动"跟我们通常所说的劳动是不一样的，这种生产既能在学校中进行，也能在智力劳动和周围社会环境的改变中进行。不过，说这些器官只是在"劳动"，也是不完全正确的。因为，在发育的过程中，有几个重大的发育过程需要器官做一些外部的工作，有时甚至还要完成高难度、高负荷的成长任务，甚至超过一个人的承受能力。如，劳累过度能让人筋疲力尽而导致死亡。

人们可以利用他人的劳动来使自己逃避外部劳动，可是无法回避内心深处的思想劳动。除了大自然强加到人们头上的生与死人们无法逃避，内心的思想劳动同样无法逃避。"儿童的劳动"就是这种艰巨的并且不能够逃避的活动。

我们平常说的让孩子多休息，就是希望孩子多通过这一方式进行思想劳动。也就是说，孩子不需要把精力都放在那些看得见的，而且依靠他们单薄的力量做不出太大贡献的外部劳动上。所以说，孩子的休息并不是真正意义上的休息，而是他们在进行一项以"自我构建"为目的的思想活动。孩子正是通过这样的"劳动"使自己长大成人，仅仅长高长壮是不够的，要想真正长大，还要具备运动神经系统和神经系统功能。同时，智力的成长发育也要达到一定的程度才行。

孩子需要具备的两种功能：

第一，运动神经系统功能。孩子通过这种功能得到平衡力，能够学会走路以及调节肢体的运动。

第二，感觉功能。孩子可以通过此功能感受其周围的环境，再通过对环境的探寻、比较与分析，给自己智力的发展奠定坚实的基础。

如此，孩子通过对周围环境的熟悉使得自己的智力能够得到发展。与此同时，孩子还可以培养自己的语言表达能力。发音只是语言能力的一个方面，孩子还会面对一些其他的问题，比如，发音的动作涉及运动神经问题，孩子们还要理解语法、名称、句子结构等内容。

我们可以试想一下，假如一个人刚刚移居一个陌生的国度，他对这个国家一无所知，他不知道这里出产什么，也不知道这个国家的自然概况、风俗习惯以及社会制度，对所在国家的语言更是一窍不通，那么，这个人假如要和移居国家的居民交流，就需要做很多的适应工作。这个适应工作只能他自己去做，任何人都替代不了他。他必须靠自己去观察、去认识这个新环境，并形成自己的观点。最后要经过长时间的勤学苦练，熟练掌握该国的语言进而能够更好地进行交流。

再回过头来分析孩子，我们也可以将他们看作"移民"来到了这个新的世界，他们是这样的弱小，可是现实的复杂世界却要求他们在极短的时间内适应，而且是在他们的各项器官发育成熟之前就要适应。

目前，人们还没有找到合理、科学的方式来帮助孩子完成这项艰巨的任务。我们面对孩子这个阶段的精神发展，好像又回到了当初的听之任之、顺其自然的状态。要想改变这一现状，我们一定要采用科学合理的方法帮助孩子适应这种"内在劳动"，它跟其他的任何一种"外部劳动"都不一样。

我提出来的婴幼儿教育方法的基本目标正在于此。因此，我阐述的某些教育理念和实际的教育方法并不是通用的，只是针对3~7岁孩子的，能满足这个阶段孩子的身体成长、性格形成的教育需求。

从内容和目标上看，我们的教育方法相对来说都是比较科学的。它能够促进孩子在更高的层次上获得进步，不单单局限在物质和生理方面的满足。它还会进一步完善卫生学方面正在进行的一些功课，使之更加完善。从前的卫生学只是关于生理方面的一些阐述。

假如今天我们有一些有关的统计数据，如，正常的儿童出现神经衰弱、语言障碍、感知推理能力不强，甚至缺少个性等方面的数据，那把这些统计数据跟有着一样的资格、并且经过了数年的理性教育的孩子们身上有一些以上所说的病理的统计数据进行比较，将是很有意思的一件事情。大多数情况下，我们会感觉到，有关这些方面的统计数据，跟当前表示儿童夭折率下降，以及身体发育有所改善的统计数据之间居然有着惊人的相似。

我们的儿童之家能够给孩子们提供一个自由活动的空间，每个学校都没有固定的模式，而是根据自己拥有的资金和能给孩子提供的内容进行合理的设置。在儿童之家里，要有一些房间，一个花园，孩子们就是这些房子的主人，孩子感觉到这里是真正的家，他们是这个家真正的主人。孩子可以在花园里玩耍或休息，当然这个花园最好是有遮蔽物的花园，这样无论下大雨还是大太阳，孩子们都可以一整天在户外生活，甚至可以将桌子和椅子拿到外面，在户外工作、学习或吃饭。

最重要的，儿童之家所设置的房间是孩子们进行脑力劳动的场所，也是孩子能够自由支配的房间。到时候可以依据学校的资金与空间位置情况，做一些适当的调整，如增加洗手间、小餐厅、小客厅，甚至手工活动的房间等。

适合孩子是这些房间内部装修的最大特点。这里有一些装置是专门为发展孩子的智力而设置的教具，还有就是为了经营小型家庭而安排的整套设施。这些房间里的家具要特别轻巧，可以让孩子们搬来搬去，把家具的颜色漆成浅色，目的是方便孩子们用肥皂水对其进行清洗。房间里还应有尺寸大小不一、形状各异的低桌子，如正方形的、圆形的、长方形的等。最多的是长方形的桌子，这是由于两三个孩子可以一起清洗桌子。为他们做的椅子最好也是木头的，不过用柳条做的扶手椅和沙发也是不错的选择。

在活动间里，有两件家具不可或缺。一件是长橱柜，要敞开着的。橱柜应该很低，为的是让个子小的孩子同样也能往上面放一些东西，如小毛毯、小花等类似的东西。橱柜里面则放着孩子们公用的教学用具。

还有一件不能缺少的家具就是衣柜，但是这种衣柜要带着两三排小抽屉，并且抽屉上面要有色泽明亮的把手，或者是跟柜子色差较大的某种颜色的扶手，还有就是抽屉上要有写有孩子姓名的小卡片。这样每一个孩子都可以分配到一个小抽屉，他们可以在里面放置一些属于自己的物品。

房间的墙上挂满了黑板，要挂得低一些，这样孩子们可以在上面随意写字，或者上面还可以画一些有艺术感的画，正好可以当作房间的背景。孩子们在黑板上画有各种主题的画，如小孩、家庭、自然风景、各种水果以及鲜花等，最多的是他们的所见所闻，如听到的故事以及故事中的画面。还有一点值得注意，就是在孩子们的活动间里，一定要放置具有观赏性的植物和花草等。

在活动间里还需要配置的是各种各样的小块地毯，如红的、蓝的、粉红的、绿的等不同颜色的。孩子们在用教学用具做练习时，可以坐在上面。这类的活动间应该比平常的教室要宽敞一些，这不光是由于在里面放置小桌子、小椅子需要占用大量的空间，还由于在活动间里需留出来相当一部分空间，让孩子们可以随心所欲地放置小块地毯并在上面做练习。

起居室里的布置要跟客厅或会客室的布置类似，在这里孩子们能够聊天、听音乐、做游戏等，室内的摆设一定要有讲究、雅致，里面要放有各种大小不一、样式各异的小桌子、小扶手椅、沙发等。墙上还要设置尺寸不一、样式各异的小托架，在上面能够放置不同的装饰品，如小雕像、小花盆、相框等。最主要的是，应该给孩子们每人一个花盆，这样孩子们可以种一些植物放到房间里，并学会精心护理和照料植物生长。在活动间的桌子上还应放置一些彩色图册，这样可以培养孩子集中精力看书或者认识各种各样的几何图形，既可以用于玩耍又可以据此做模型。如果里面还有一架钢琴或者是其他的一些乐器，特别是那种专门为孩子设计的小型竖琴，那就完美了。这时，老师就可以在这里给孩子们讲故事了，肯定会有很多对故事感兴趣的孩子围坐在老师身边听故事。

餐厅的布置，不仅要有桌子，还要有能够让孩子们够得着的碗橱，让孩子们能自如地去放碗碟、勺子、刀子、叉子等。碟子最好是瓷质的，水杯和水瓶要用玻璃制作的，并且在桌子上要有小刀。

除了这些，更衣间也必不可少，每个孩子有属于自己的衣柜或收纳空间。在更衣间里还要有用桌子组成的盥洗台，在桌子上面放着孩子们的小脸盆、肥皂以及指甲刀。水槽放在靠墙的地方，以便孩子取水倒水。

在儿童之家里，一切设施没有特别的限制，在这里所有的事情都是由孩子们自己来完成。他们打扫房间，洒水、扫地、擦家具，也要把桌子擦干净，将餐具洗干净，打扫小地毯并且将其整理好，另外，还要洗衣服、煮鸡蛋等。至于孩子们的个人卫生，他们要自己梳洗，自己穿脱衣服，挂衣服的钩子钉得都很低，他们自己会把衣服挂到挂衣钩上，或者是把衣服自己叠起来，并且把自己特别喜欢的衣服跟床单以及亚麻织物一起都放到衣柜里面。

总而言之，一些产品特别是玩具产品已经做得特别复杂、特别精致，以致于孩子们都有了自己的玩具小屋，在里面能够给娃娃们穿脱衣服，里面还有孩子们可以做游戏的一些道具，如做饭的厨房、活灵活现的动物等。这一切都试图把现实生活中的一切给予孩子们，让他们能够试着成为自己生活的主导。

我们儿童之家装备的另一个重要组成部分就是计步器，经过我多次改良的计步器，可以用来给孩子们测量身高。计步器的底座是一个宽的长方形板，从底座的正中竖起两个木质标杆，顶部有一个扁平的金属片将两个标杆联系在一起。这两根标杆上还有两个水平的金属棒，这是指示器，可以上下移动，外面包裹有一层金属制的外框。这个金属外框和指示器是用同一片金属片制作的，末端由橡胶球固定住。两个木质标杆是垂直的，在它的后边，有一个座椅，很小，不过也是用木头做成的。两根木质标杆上面都写有数字作为刻度，有一根是从椅面到顶部,这是有固定椅子的那一根标杆,另一根是从长方形木板底座到顶部,高度大概为1.5米。带有座椅的一根标杆能够测出孩子们的坐高,另一根标杆能够测出孩子们的站高。此仪器非常实用,假如两个孩子能够合作,它同时可以测量出两个孩子的身高。

当孩子们在测量的时候,他们会自觉地脱掉鞋子,笔直地站到计步器上面,能够毫不费力地将金属指示器自由上下移动,指示器被金属外框固定得特别紧,哪怕是第一次使用,它也不会偏离水平方向。另外,这个计步器操作也特别容易,不用费什么力气就能将其移动。为了避免孩子们头部碰伤,在计步器上面安装了小橡皮球。

孩子们对计步器特别喜爱。经常提议要测一下,这成为了孩子们一起做事的一个很好的活动。孩子们对计步器爱护有加,经常打扫,除尘,擦拭,把计步器弄得特别干净,让孩子们忍不住要去爱护它。经过保养后,计步器保持着干净整洁的外观,这也算是对孩子们劳动的一种回馈。

其实计步器的使用也体现了我教育方法的科学性,它记录了每一个孩子的身体成长过程。我借助这些记录,能够观察到我在实施教育时孩子的身体发育状况。关于这部分,我在其他著作中有着详细的描述。我们还将孩子们在计步器上测量身高的场景录制成影片。我们可以看见孩子们按照顺序到计步器上面测量身高,谁也不例外,哪怕是年龄最小的孩子。

蒙台梭利教育启示

1. 不要让孩子将注意力都集中到一些外部的劳动上面,因为有时这些东西耗费了孩子本就微弱的力量,要让孩子适当休息。

2. 一定要采用科学合理的方法帮助孩子适应这种"内在劳动",它跟其他的任何一种"外部劳动"都不一样。

第五章
促进儿童身心发展的教育方法

　　聪明的父母，知道要满足孩子身体发展的需要，更知道顺其自然地让孩子的心灵也得到发展。

——英国教育家 赫斯赛罗

阅读提要

在促进孩子生理和心理发展方面,一定要遵循发展规律,不强求,让孩子按照本身的成长速度进步着。

可以从运动神经、感知觉、语言三个方面对孩子进行相应的训练,可以合理安排环境让孩子的运动神经得到发展,也可以利用教育发展感知和语言。

顺其自然,让孩子得到最好的发展。

第五章 促进儿童身心发展的教育方法

在促进孩子生理和心理发展方面，一定要遵循发展规律，不强求，让孩子按照本身的成长速度进步着。

可以从运动神经、感知觉、语言三个方面对孩子进行相应的训练，可以合理安排环境让孩子的运动神经得到发展，也可以利用教育发展感知和语言。

顺其自然，让孩子得到最好的发展。

我一贯主张儿童的生理和心理发展都要顺其自然，所以我的教育方法也遵循了这个原则，它分为三个部分：

第一，运动神经培养

第二，感知培养

第三，语言训练

我们可以通过照顾孩子和对孩子成长环境的安排对其进行运动神经培养，可以通过教学用具对孩子进行感知培养和语言训练。

以下教具可以用来对孩子进行感知培养：

1. 3套立体插件；
2. 3套大小不同、颜色各异的立体图形：粉色立方体、棕色棱锥体、绿和红蓝相间的两种薄板；
3. 棱柱、棱锥、球形、圆柱体、锥体等不同的立体几何图形；
4. 矩形小板，表面要区分粗糙的、光滑的两种；
5. 不同材质的布料；
6. 重量不等的木块；

7. 2个盒子，其中装有64块颜色不同的小木方块；

8. 小柜子，里面放着平面的插件；

9. 3套卡片，每一套上面都要有纸做的不同的几何图形；

10. 1套圆柱形密闭式的音箱；

11. 2套音乐钟，标有五线谱的木板，标有音符的小圆片。

进行书法和算术练习必备的教具：

1. 2张有坡度的桌子，各种各样的金属插片；

2. 带有字母的而且是砂面的卡片；

3. 彩色背景的纸板、且其大小要有区别的2个字母表；

4. 1套写有1、2、3等数字的砂面数字卡片；

5. 1套大卡片，带有光纸字数字，用来写10往上的数字；

6. 2盒小棒，用来计数；

7. 彩笔和合适教学的图书或画册；

8. 能够锻炼手部动作的可以系带子、扣扣子的四方框。

蒙台梭利教育启示

1. 对于孩子来说，五颜六色的彩笔和精美的画册是很好的教学用具，吸引孩子的同时，让孩子有学习的欲望。

2. 父母可以选择一件扣眼比较大的衣服，让孩子练习扣纽扣。不要嫌孩子动作慢，要等待他自己做好。

第六章
注重孩子的运动神经培养

运动，让孩子拥有生存的基础，强健的体魄。

——美国教育家 罗杰斯

阅读提要

运动神经的训练要与生理机体相一致,否则会变得没有秩序,所以我们要引导孩子做运动,指出方向。

可以教孩子一些基础运动,还可以从生活自理、做家务、园艺训练、做手工、体育锻炼、音乐训练等方面对孩子进行训练。

为孩子指出正确方向,能让孩子成为一个积极工作、知足常乐的人。

第六章 注重孩子的运动神经培养

运动神经的培养特别复杂,因为它必须跟孩子生理机体需要的一切和谐的运动相适应。假如得不到相应的指导,孩子的运动则会显得特别凌乱,没有秩序,而孩子们的运动方式根本无章可循。实际上,孩子们总是处在活动之中,根本闲不下来,甚至到处碰这碰那,常表现为调皮捣蛋、任性好动、任意妄为。

对此,大人们经常是阻止孩子们的活动,并且嘴里重复着根本就没有任何意义的老话"老实待会儿"。孩子其实正通过各种活动找到能真正对自身发展有益处的运动组织和协调方式。不要再试图让孩子安静地待着,而应该指引孩子去运动。其实只要大人给孩子们指出了方向,孩子们便会向着正确的方向发展,如此,孩子们便能够静静地茁壮成长,发展为一个积极工作的人,成为一个知足常乐的人。对孩子进行这种训练,也是"儿童之家"所要体现的特点之一,即训练有素。这一点我在其他的著作中做了详细的阐述。

有关肌肉的训练包括以下几点:

1. 基本运动(日常生活中走路、坐、站、拿取物品等);
2. 生活自理;
3. 处理家务;
4. 园艺劳动;
5. 手工劳作;
6. 体育锻炼;
7. 韵律活动。

生活技能的第一步便是自己穿脱衣服。我有这样一个教具,是钉有各种布料或皮革的四方框，这是专门为了训练孩子这方面的能力而设置的（图1）。能够让孩子们练习扣扣子、挂钩、系带子等。刚开始时，老师坐在孩子身边，慢慢地向孩子展示系带子、扣扣子等动作，最好能将动作分解，越细致越好，让孩子能看清楚、看明白。

例如，练习的第一步便是把四方框上面的两块布对折，如此便能把两块布对好。假如在四方框上面训练扣扣子，那么老师们则会将每一个动作演示给孩子们看。老师首先把扣子捏着，把扣子与扣眼对齐，然后将扣子全部放到扣眼里，最后还要把扣子穿过扣眼后的位置调到最佳。跟扣扣子一样，让孩子们练习打蝴蝶结，老师同样也会将每一个动作细节演示给孩子们看，即从系丝带到最后完成蝴蝶结的全过程。

我们拍摄的系列视频里，有一节便是给孩子们演示打蝴蝶结的全过程。这些课程并不要所有的孩子必须要上，由于孩子们能够彼此借鉴、相互学习，孩子们都特别有耐心，能够专心地学习每一个动作细节，因此能够慢慢学会没有细节的动作。这个练习没有太多要求，孩子们选择自己感觉舒适的姿势坐下来，将四方框摆到桌子上就可以进行练习了。假如孩子们兴趣正浓，只需在一个四方框上多次重复同一个练习，反复练习扣扣子、解扣子，那么他的双手经过训练将会变得十分灵巧，并且只要一有时机，便会着迷般给真正的衣服解扣子或系扣子。我们能够经常见到一些很小的孩子，不光自己的衣服自己穿，并且还要帮着其他的小朋友穿衣服。他们满世界找寻穿衣服的快乐，并且竭尽所能地阻止大人帮他们穿衣服。

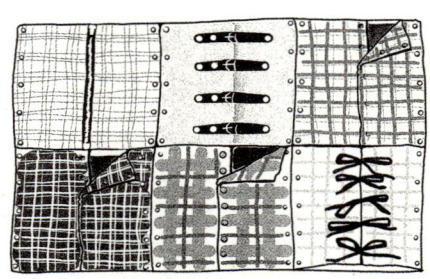

图1 用于练习系带和系扣的四方框

在教孩子们其他训练活动的时候也是如此，如洗涤、摆桌子以及其他较大的活动。起初老师都要参加，用准确到位的细节动作给孩子们做演示，演示的过程中老师可以讲话，也可以不讲话。老师要将全部动作演示给孩子们，包括如何坐下、怎么起来、怎么拿东西、怎么递东西等。也是用同样的办法，老师还要教给孩子们如何能做到不出声，将碟子一个接一个地摞到一起放好。

孩子们学的时候一点也不难，在做练习的时候，表现出了非常浓厚的兴趣与让人吃惊的小心翼翼。在大一些孩子的班级里面，把孩子们分组轮流值日是有必要的，让他们来做一些劳动，如做家务、端菜、洗碗碟等。孩子们也很高兴按照这种轮流制度值日。他们都很自觉，没有必要去要求他们，哪怕只有2岁半左右的孩子也不例外，做他该做的事情。我们常常见到孩子们用心地模仿他人、回忆有关的动作、最终能够困难克服，他们的那些行为举动都会让人激动不已。

纽约的雅各比教授就经历过这样一件事情。一次，他看见一小男孩，看上去2岁左右，看起来不是很聪明的样子，因为他不知道到底是右手拿叉还是左手拿叉，他特别为难，便站到桌子旁边不知所措。那个小男孩站在那里想了很久，很明显，他是将自己全部的脑细胞都调动起来了。教授被男孩深深地打动了。另外一些比他大的孩子也同样用敬佩的眼神看着这个小男孩，他们也被这一幕惊呆了，这一幕便是一个正在逐渐开展的生命成长过程。

孩子的发展与成长只能由孩子自己完成，老师的教导只不过是给孩子们一个引导、一个启示，是给孩子的成长道路开启一个良好的开端。在儿童之家，孩子们带着自己的热情和喜悦进行工作，并且彼此之间互相学习、互相借鉴。这样的氛围培养了孩子的同情心和乐于助人的生活态度，更神奇的是大一些的孩子在看到小伙伴成长时心中充满了理解和关爱。将孩子们置于这种和谐恬静的氛围里，使他们感觉仿佛在自己的家中，这已经足够了。

我们从一系列的视频里能够观看到儿童之家真实的活动情况。孩子们不停地走来走去，他们每一个人都在做着自己的工作。而此时，老师坐在某个角落里，只是关注而不去打扰孩子。还有一些镜头是表现孩子们整理儿童之家的情景，这也是孩子照顾他人和环境的具体行为。从中我们可以看见他们的活动，如洗脸、擦鞋子、擦拭家具，并且将计步器的金属指示器擦得干干净净的等诸多的活动。我们还能够看到他们在摆放餐具时是自己独立做完的，他们自己分工，有的端盘子、有的摆放勺子、有的摆放叉子等，弄好之后坐下来，此时小服务员开始给他们端上热汤了。

此外，让孩子们感兴趣的功课还有园艺和手工制作，大家已经认可了园艺是幼儿教育的重要组成部分。可爱的小动物和植物能够提高孩子的注意力，培养孩子的同情心。在这个方面，"儿童之家"尽力仿效那些学校里最好的方法，这些方法多少受到莱特夫人的影响。

我们用泥塑，即用泥土做成小瓦片、花瓶、砖块等来让孩子们进行手工劳作。当然，制作这些东西能够借助类似模子的一些简单的工具，上好釉再放入炉中烘烤。孩子们将自己制成的瓦片排成一面墙，其中的瓦片有亮白色的，有彩色的；或者用泥灰和泥铲，将这些小砖块在地板上铺开。他们也能够挖地基，再用他们自己制成的这些砖块砌成围墙，或者给小鸡建造鸡舍。

在进行体育方面的训练中，有许多需要注意的事项，其中最要紧的一点即为"踩线"，就是用粉笔或颜料在地板上画出一条线或一个大圆。就像钢索演员一样，孩子们在上面行走，他们为了保持身体平衡，也像演员一样尽心尽力地稳住自己，不过不一样的是，孩子们没必要担心会出什么危险或意外，原因是这条所谓的"钢索"是画在地板上的线。老师也要做，他要给孩子们演示每一个动作细节，教孩子们如何放脚，孩子们跟在老师后面模仿，而不用语言进行解释。在孩子已经掌握了如何踩线时，老师就可以离开，让孩子们自己练习。

大多数孩子会一直持续走下去，并且特别小心使自己的动作跟老师的动作一样，并且全力保持自己身体的平衡，防止从"钢索"上面"掉"下来。另外的孩子渐渐凑上来，看着先前孩子们的表演，并且跃跃欲试。不一会儿功夫，单线上面或是大圆线上面就站满了人，并且这些孩子还在晃晃悠悠地寻找着平衡。他们会特别认真地沿着线、细心地看着自己的脚一直走着，脸上流露着专注的表情。

老师也可以放一些音乐以配合孩子训练，可以选一些简单明快的进行曲。音乐不仅能给他们的训练伴奏，还可以提高他们努力向上的意识。

孩子们通过这些方式学会了掌握身体的平衡，以后走起路来会显得特别标准甚至完美。不仅是走路的姿势，身体的整体形态都得到了很好的提升，变得从容和优雅。"踩线"这项训练能够通过各种方法增加一些难度。例如，可以让孩子们弹奏钢琴进行曲，让孩子们获得节奏的练习。孩子们对同一首进行曲在几天内多次重复进行练习，那么他们最终能够把节奏找到，同时能用手臂和脚做各种动作来配合音乐。孩子们还能够用歌曲给他们正进行的"踩线"训练伴奏。

孩子们渐渐地能够将音乐听懂了。如同乔治小姐在华盛顿一样，在学校里孩子们最终会做到一边唱歌、一边用教具进行日常工作。因此，一群活动时嗡嗡哼唱的"蜂群"汇集到了儿童之家。

蒙台梭利教育启示

1. 在教孩子运用肌肉时，要将全部动作演示给孩子看，演示完以后，让孩子自己练习。

2. 孩子的模仿能力很强，要让孩子用心模仿父母或其他人，回忆有关的动作，最终克服困难，做出正确的动作。

第七章
利用教具对孩子进行感知培养

感知觉,是孩子认识世界最美好的"工具"。

——苏联教育家 伊凡·凯洛夫

阅读提要

　　培养孩子的感知觉非常重要,可以利用不同的教具从三个方面进行。

　　要让孩子把注意力集中到感知源上,让孩子先意识到物体的一致性,然后把对立的物体进行区分,最后再试着比较相似的物品。

　　有技巧地进行训练,能让孩子的感知觉得到更快的发展。

第七章 利用教具对孩子进行感知培养

我们的教具给孩子们进行感知培养提供了一些方法和技巧。我的工具箱里，最能吸引 2 岁半到 3 岁孩子注意力的教具有 3 件，是 3 组木质的立体插件。每一组的上面都插着 10 个小圆柱体，在全部圆柱体的顶部都有小的圆顶小把手。

第一组，插件的高度相等，不过圆柱体的直径从大到小依次递减（图 2）。

第二组，圆柱体插件的高度和直径都有变化，或大或小，或高或矮（图 3、图 4）。

第三组，圆柱体插件的直径相等，不过高不一样，圆柱体随着高度尺寸的递减，直至最后几乎成了圆面状（图 5）。

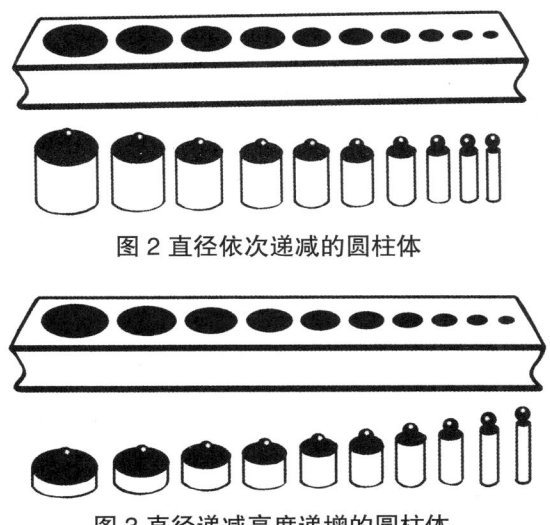

图 2 直径依次递减的圆柱体

图 3 直径递减高度递增的圆柱体

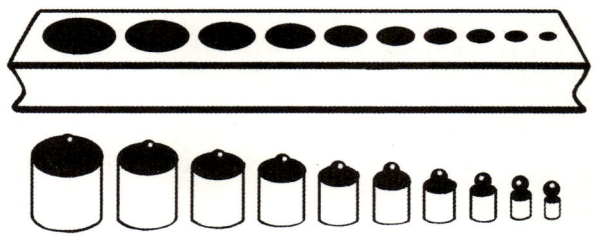

图 4 直径和高度依次递减的圆柱体

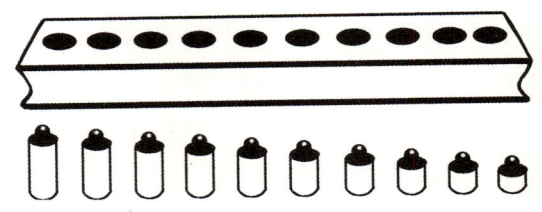

图 5 高度依次递减的圆柱体

第一组的圆柱体插件有两个方面的变化；第二组圆柱体插件有三个方面的改变；第三组圆柱体插件只有一个方面的改变，即高度的改变。我在设计教具的时候将圆柱体的排列次序所带来的难度也都考虑进去了。

练习的内容是将全部圆柱体的插件都拿出来，并把它们混合到一起，打乱它们的顺序，最后再将这些圆柱体放回到正确的位置上。孩子们在桌子旁边坐下来，怎么舒服就怎么坐，以便更好地进行练习。孩子们会用手指尖小心翼翼地拿着圆顶小把手把圆柱体插件取出来，并把它们放到一起混合一下，不会把它们弄掉，也不会弄出过于强烈的噪音，最终将每一个小圆柱体插件再放回到正确的位置上。

练习时老师可以给孩子们先做一个演示，将圆柱体取出来，小心翼翼地把它们放在小桌子上混合一下，给孩子们演示一下排列过程，怎么样才能将这些小的圆柱体放回到正确的位置上，不过老师自己不用做此练习。但是，老师的演示行为大部分时候都会是多此一举，这是由于孩子们看见小伙伴们的操作，自己便会模仿着去做。孩子们喜欢一个人做这种训练，因为担心会出现一些不合时宜的帮助，孩子们有时会在私底下悄悄地进行训练。

不过，给打乱顺序的小圆柱体找到正确的位置，把它们放回去，孩子们是怎么做到这些的呢？一般情况下，都是先尝试一下，或许他们经常出错，甚至把大一些的圆柱体放到了插孔过小的孔处。因此，再选择位置，又一次试验，一直到给圆柱体插件找到正确的位置。

有时也会出现相反的情况，把小一些的小圆柱体放到孔较大的孔处，这样也是不行的，孩子们会再接着找合适的位置。直到最后会出现一种情况，即有一个小圆柱体怎么也不能找到合适的位置，并且给它找一个正确的位置几乎是不可能的。这时，孩子们便禁不住要开始寻找自己的错误了。孩子们有一些困惑了，他们的头脑中浮现着一个令其感兴趣的问题：先前的圆柱体的位置都找对了，为什么现在却有一个怎么也找不到正确的位置了呢？

他们会停下手中的动作，皱起眉头开始思索到底是哪出了问题，并且会尝试着感觉每一个小圆顶，检查一下是不是什么地方放错了位置。他会想到，或许是有一些圆柱体的位置放的不对，于是便试着去改正。接下来他们一遍接一遍地检查，直至成功地将每个圆柱体放到正确的位置上。此时，他们的脸上便露出了胜利的笑容。

这项练习能够对孩子的智力有所启迪，他想从头再来，用自己的不断尝试弄明白小圆柱体的位置，为此他们会多次进行努力与尝试。3岁到3岁半的孩子进行这项训练时，能够重复进行40多次而不厌烦。假如用第二组和第三组插件让孩子们进行练习，孩子们会被圆柱体的不同变化吸引，并再次唤起他们的兴趣。

这些教具能够锻炼孩子的视觉能力，培养他们用眼睛辨别事物尺寸大小的能力，这是由于这项训练最终能使孩子们一眼便能看出，自己手中的小圆柱体应该放进哪个插孔里，是大一些的，还是小一些的。我的教具是我教育方法的重要一环，即工具自身便能够控制出现的错误，孩子们在训练中能够具体感觉到这一点。

孩子们有一个信念，要达到自己的预期目标，为此，他们自己会不断地纠正自己的错误。这并不是某个老师要求他们对自己的错误要注意，恰恰是孩子们自己的聪明才智进行的复杂的工作致使出现了这种结局。

所以，仅此一点就能够看出孩子自我教育的进程开始了。

让孩子进行这种练习所要达到的目标，不是外在的、表面层次的，即孩子们做这个练习并不是为了让他们弄懂怎么放小圆柱体，而是为了让他们懂得怎么去做训练。

使孩子们做这项练习，是为了达到一个目标，这个目标是内在的、深层次的，即锻炼孩子们的观察能力，教给他们对自己观察到的事物作比较，最终能够形成自己的判断、推理与抉择。孩子们正是经过不断的多次重复、反复训练，提高了自己的注意力和理解能力。

下面是在圆柱体插孔训练之后的一系列训练，即三套立体几何图形：

1. 粉红色木质立方体，10个。这些立方体的边长由10厘米到1厘米，依次递减（图6）。孩子们可以拿这些立方体建塔。首先，在地板上或者小地毯上，放一个最大立方体，再把其他的立方体一个接一个地往上叠加，注意按照从大到小的顺序，一直把最小的立方体放到最上面。有时会出现一些情况，如孩子们刚建好塔，随着孩子们的手的活动，或许会带来一阵风，把塔弄倒，于是小立方体会洒落一地，孩子们并没有气馁，他们会把小立方体拾起来，重新再搭建。

2. 棕色棱柱体，10个。棱柱的长为20厘米，横截面的高度由10厘米到1厘米依次递减（图7）。孩子们在浅色地毯上摆开这10个立方体，或者从最厚的开始，或者从最薄的开始，将这些立方体按着由大到小或由小到大的顺序在桌子上摆开。

3. 绿色或者红蓝相间的薄板，10个。横截面为边长4厘米的正方形，薄板的长度由 10 厘米到 1 米，依次递增（图 8）。孩子们把这 10 块木板在大地毯上散开，将其随意混合，经过比较再把它们根据长度按顺序摆放开来，于是就形成了一个管风琴。

图 6 孩子们搭建的塔

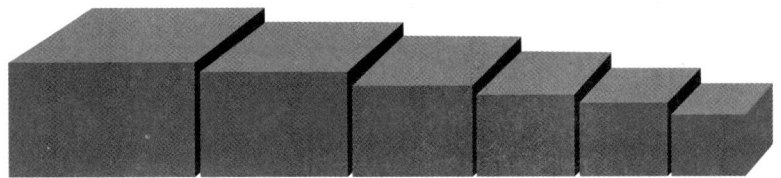

图 7 孩子们摆放的宽楼梯

图 8 孩子们摆放的长楼梯

一般来说，老师先是自己做练习，再给孩子们演示如何排列，可是孩子们却并不是直接跟老师学会的，而是经过观察小伙伴们的动作学会操作使用的。但是老师依然要密切关注孩子们的活动，对他们的动作不要有遗漏，要给予及时的纠正，不过老师纠正的多是孩子粗暴或者胡乱的操作，并不是纠正他们没有正确摆放立方体薄板的错误。

孩子在摆放立方体或薄板时发生错误，是由于孩子缺乏练习，比如将小的立方体放在了大一些的立方体下面。孩子通过认真观察、比较和分析，重复进行训练迟早会改过来的。

还有就是，孩子们在摆放那些长薄板时也会出现一些明显的错误，使人感到好笑。不过这些训练的目标不是让孩子们按顺序将薄板摆好，而是要求孩子一定要亲手去操作，基于此，老师也就没有必要去干涉他们。孩子们总会有一天能把薄板按着顺序摆放好，到时候，他们会高兴地将老师请来欣赏自己的作品。此时，孩子们练习的目的也就达到了。

孩子们用立方体、棱柱和薄板这三套装置进行练习时，要不停地来回走动，并且还要带着他们的小手难以拿住的教具。经过使用这些教具的练习，孩子们锻炼了自己眼睛区分类似物体大小的能力。这种练习从感觉上来说，比先前所讲的圆柱体插孔训练更简单、更容易。事实上，这种按顺序摆放物体的训练难度要大一些，这是由于教具自身没有控制错误的产生，仅凭孩子们自己的眼睛来做出判断，以避免错误的发生。

所以，物体与物体之间要有明显的区别，能够让孩子们一眼便能够看出来，基于此，我们的教具都是选用较大的物体做成的，同时要求孩子们具有基本的辨别事物的眼力（可以用立体插孔训练提高眼力）。

孩子们在同一阶段可以做不同的训练。我的教具当中，还有一块长方形板，即矩形板，这块矩形板表面分为两个部分，粗糙的和光滑的。孩子们早已明白如何用水和肥皂洗净自己的小手，再擦干净，接下来再将指尖放到温水里泡上一会儿。如同我在本书中关于教育方法一章中所谈到的一样，我们同样也能够让孩子们做练习，不过这个练习是循序渐进地感觉热度的一个训练。

接下来，老师会教给孩子们用其手指的指尖部位轻轻地触摸两个不同的表面，是孩子们自己感觉两个不同的表面有什么区别。在孩子们触摸两个不同的表面时，他们的小指尖前后做着运动，这种方法是锻炼孩子控制能力的最佳办法。他们的手刚洗干净，而且还用温水浸泡过，这样更增添了他们在做这项练习时的优雅感觉，这项练习的全部动作是培养孩子触觉的第一步。在我们的教学方法中，对孩子触觉的培养是相当重要的一环。

在对孩子进行触觉培养的启蒙教育时，老师一定要保持积极的态度参与其中，不仅要示范如何练习，还要引导孩子如何用指尖轻轻触摸两个不同的表面。老师最好拿着孩子的小手，指引他们用指尖轻轻地触摸物体的不同的两个表面。不用做出任何的解说，老师的话大多数是给孩子们以鼓励，支持他们去触摸不同的表面，获得不同的感觉。

在孩子们触摸不同的表面，有了不同的感觉之后，自己则能够按着老师告诉的方法进行反复练习，以体验不同的感觉。

在体验过矩形板的不同表面之后，接下来可以让孩子们再体验另一种矩形板，这种矩形板上面贴有胶带纸，但是胶带纸的粗糙程度和光滑程度不同。

对孩子进行触觉的训练还可以用层次分明的系列砂纸。孩子们通过触摸这些表面不同的砂纸来完善自己的触觉，不仅能够提高他们对细微事物的辨别能力，还能提高他们控制自己动作的能力。

这项训练之后是对各种布料的触觉训练，这些布料有：天鹅绒、丝绸、缎子、羊毛、棉布、甚至粗糙亚麻等。布料要选择颜色鲜艳明亮的，且形状大小要尽量一致。

老师要给孩子们演示新的练习。此时，要求孩子们必须去抚摸这一系列不同的布料，依次从粗糙的棉布一直到细滑的丝绸，孩子们要根据布料的不同，或粗糙、或细滑，采用不同的方式去抚摸，或用力、或轻柔。因为孩子们有过一定的操作实践，因此他们在触摸这些布料的过程中可以得到很大的快乐，同时还能够增加他们的触觉感受力，此时他们几乎是出于本能而将自己的眼睛闭上。孩子们因为怕自己不能全心投入去抚摸布料，于是将自己的眼睛用干净的手绢蒙住，在对布料进行抚摸时，他们把相似的布放到一起摆起来，最后把手绢拿下来，检查看自己有没有出现错误。

有关感知训练的触摸练习和抚摸练习特别能够吸引孩子们的注意力，并且能够促进孩子们在自己周围的环境中寻找相似的感觉体验。例如我们见到一个孩子，因为他看到有一位客人穿的衣服特别漂亮，便被这件衣服的布料吸引住，于是他首先将自己的小手洗净擦干，然后慢慢地走近客人，用自己的小手特别轻柔地抚触那件衣服，感觉衣服的布料。与此同时，在孩子的脸上露出了一种快乐的笑容。

接下来，我们让孩子们进行难度更大的训练，他们对此产生了极大的兴趣。

我的教具中还有一些长方形小板，即小矩形板（图9）。值得注意的一点是，这些小矩形板的大小一样，但是它们的制作材料不同。所以，材质的不同导致了重量的不同，颜色也不一样。

图9 重量不同的矩形木板

第七章 利用教具对孩子进行感知培养

孩子要拿起一块小板放在手中，注意动作一定要轻，把四个手指伸开。这也是教孩子如何做轻微动作的一个好时机。孩子们的手仿佛在称某种东西，上下轻轻掂量着。在孩子们可以灵敏地感觉出物体的重量的时候，手中的细微动作会越来越轻、越来越柔。当孩子们不用掂来弄去就能够感觉出一个物体的重量的时候，说明这项练习的训练目的达到了一个完美的程度。孩子们只有经过反复的练习，才能达到如此的效果。

老师只要将孩子们领进门，他们便会自觉地蒙住自己的眼睛，反复进行这个有关气压的感觉练习。孩子们能把较重的一些木板搁在右边，把较轻的一些木板搁在左边。当孩子们从眼睛上解下手绢后，他们能够对照木板的颜色来检验自己的练习有没有出错。

孩子们在做这项训练之前的一段时期内，在用三套立体几何图形和表面粗糙或光滑的木板做训练的时候，他们同时也能用另外一些特别能吸引注意力的教具来使自己得到锻炼。

这是一套小方块板，上面裹着鲜亮的丝绸，方块板的颜色由深到浅。两个盒子组成了全套的教具，每个盒子里面放着 64 种颜色的小方块，即每个盒子里放有 8 种颜色不同的色调，每一色调又有由深到浅 8 个不同的色度。第一步孩子们需要做的就是给颜色配对，即小方块的次序被打乱，他们要从这些小方块中找出颜色相近的两块小方块，再把它们摆放好。当然在刚开始练习时，老师不会将 128 块小方块都掺合到一起让孩子们从中选择，老师可以把颜色对比鲜明的一些小方块拿来让孩子们做训练，例如，红色的、蓝色的、黄色的，挑出 3 对或者 4 对上述颜色的小方块，将这些小方块掺和到一块儿。

接下来，老师会给孩子们做一个演示，如她从中选出一块小方块，也许是红色的，她会给孩子们演示怎样从一堆小方块中选择一块，跟他手中的那块小方块配对。找到之后，她会把配好对的一堆小方块在桌子上摆好。然后，她会拿出另一块，或许是蓝的，这次要让孩子们选择跟这块配对的小方块。老师会把这些小方块重新打乱顺序，让孩子们重新做练习，即让孩子们选择两块红的、两块蓝的、两块黄的，把它们配好对并在桌子上面摆放好。

下一步训练的配对颜色会由 2 种增加到 4 种、5 种，3 岁的孩子会从次序混乱的小方块中选择 10 对甚至 12 对相近颜色的小方块进行配对。

当孩子的眼睛能够对颜色的一致性进行识别的时候，他们就可以做难度更大一些的训练，即颜色的深浅度的训练，这是一项颜色由浅入深的练习。孩子们在这一练习中能够锻炼自己识别颜色轻微差别的能力。例如，有 8 种蓝色色度不同的小方块，老师从颜色最深的开始摆起，老师可以示范给孩子看，如何由深到浅地把方块摆好，让孩子知道接下来应该如何进行练习。

做完示范之后，老师就可以离开了。孩子们自然就会去操作这个让他们感兴趣的练习。假如对这一练习的概念在了解之后，还是有错误，说明孩子们识别颜色深浅度的能力相对来说还是比较低。这要求孩子们进行多次反复的练习来提升自己识别细微差别的能力，就让孩子们自己多训练吧！

为了帮助孩子们尽快适应这个练习，我们给他们两个建议：

第一，每次做练习时，首先把颜色最深的小方块选择出来，这相当于无形中给孩子们一个方向，能够推进他们下一步的选择。

第二，我们要经常引导孩子，让他们直接进行比较两个相邻的小方块的颜色，再让孩子们将这两块小方块跟其他的小方块能够区别出来。如此，孩子们在放置小方块的时候，一定会将小方块跟其相邻的两块进行比较，而且在比较的时候会特别仔细、特别小心。

训练到最后，孩子们高兴地将 64 块小方块掺和到一块儿，再非常熟练地将其摆放成 8 排，每一排都有一个由深到浅的颜色的改变。这项训练也锻炼了孩子们的能力，即能够用自己的双手进行细微的活动。此外，对孩子们的记忆力和注意力来说，也算是一种特别的训练。

孩子们在做训练的时候有一点值得注意，他们在拿小方块的时候，小方块不能随便地捏在手里，他们的手不能碰到在方块板上面裹着的绸布，他们只能拿着小方块的上下两端来摆放。他们要把这些小方块摆放成一列，看上去像一条带有明暗色彩的好看的丝带，要做到这一点需要孩子们具有一定的手工技巧，因此，孩子们只能是通过反复练习、多次实践，才能够达到这个程度。

对于孩子们而言，特别是年龄大一些的孩子们，他们色彩记忆的开发有赖于色彩感知的训练。孩子们经过对一种颜色的观察，不用大人再做引导，他们便能够从五彩缤纷的颜色中找到与其颜色相近的一种。所以说，孩子们识别颜色是通过记忆来进行的，他们仅用头脑中存留的记忆，并不需要实际存在的事物，就能够对颜色进行识别。

"色彩记忆"这项训练孩子们都特别喜欢，甚至会使他们出现一些快乐的"跑题"行为，如在他们的头脑中浮现某一颜色时，他们便会在现实中探寻与其有关的真实存在着的事物。当孩子在现实生活中找到了与头脑中的印象相对应的具体的实物，并将它抓在手里时，孩子已经证明自己拥有了一定的智能，这是一个胜利，会让孩子们很开心。

还有一套特别有趣的教具，是一个带着六层抽屉的小橱柜。在每层抽屉里都有一个木制的"方框"（图10）。在每一个方框里都镶嵌了一个蓝色的几何图形，每一个图形中间都有一个圆顶的小把手。每一个抽屉里都衬着蓝色的纸，当把几何图形拿走时，我们便会在抽屉底部看见一个一模一样的图形被复制出来了。

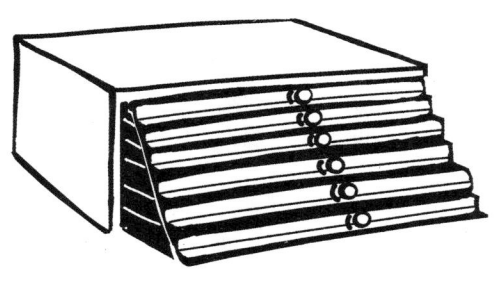

图10 装有几何图形插片的六屉橱柜

放在抽屉里的图形是根据一定的类推原理放到里面的。

1. 第一个抽屉里是直径依次递减的圆形，6个（图11）。

2. 第二个抽屉里是正方形1个，矩形5个，并且矩形的长度跟正方形的边长一样，不过矩形的宽度是依次递减的（图12）。

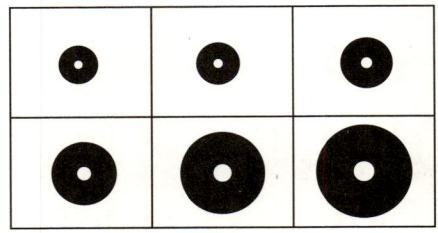

图11　圆形插片工具

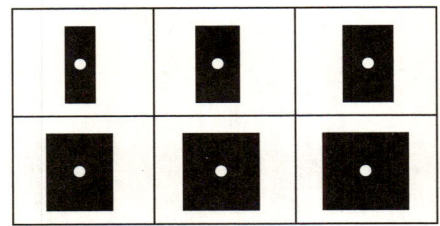

图12　矩形插片工具

3. 第三个抽屉里有6个三角形，其边长与角度都有所变动，如等边三角形、等腰三角形、不等边三角形、直角三角形、钝角三角形、锐角三角形（图13）。

4. 第四个抽屉里是6个多边形，从五边形到十边形不等，即五边形、六边形、七边形，直到十边形（图14）。

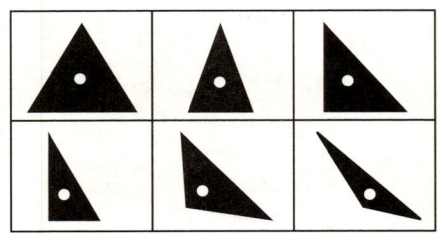

图13　三角形插片工具

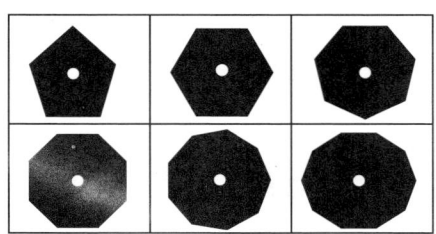

图 14 多边形插片工具

5. 第五个抽屉里是 6 个不同形状的图形，其中有卵形、椭圆形、菱形、梯形等（图 15）。

6. 第六个抽屉里放有 4 块平面木板，没有什么几何图形，也没有一个为了固定图形而设置的圆顶的小把手，此外，还有两个不规则的几何图形（图 16）。

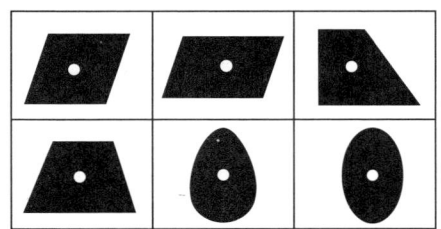

图 15 不规则图形插片工具

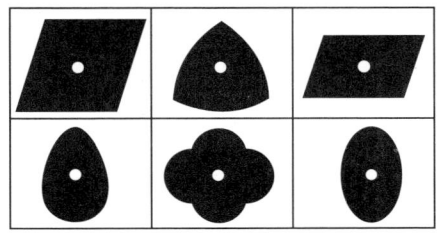

图 16 另一套不规则图形插片工具

跟这套教具有关的是一个木框，此木框配备的是个格状的分类夹，将其打开时，是一个盖子，再将其合拢后，它便将六幅插图完全覆盖，这样就能将放在木框底下的六幅插图的工具牢牢地固定在原来的位置。

这个木框可以作为孩子的第一堂平面几何图形课的教具，老师根据情况在所有几何图形中选择一些图形来进行练习。

　　在刚开始的时候，我们建议给孩子们观看一些外形上有较大区别的图形，接下来再给他们展示更多、形状相似或相近的图形。例如，第一次用木框做图形训练的时候，可以让孩子们选择圆形、等边三角形和正方形这类较规整的几何图形。渐渐地，几何图形就能把木框填满。起初是一些完全不一样的图形，如，一个正方形、一个长方形、一个三角形等组合起来的。经过一段时间的练习之后，老师可以给孩子们选择一些从形状上看相似、但是尺寸不同的图形进行练习，如一组长方形，6个；三角形，6个；圆形，6个等。

　　这一项训练跟我们前面讲到的圆柱体插孔的训练类似。因为这些物体都能够用圆顶的小把手来取放，并且进行训练的时候要把它们从原来的位置拿下来，再在桌子上把它们的顺序打乱，最后让孩子们把它们放到最初的地方。同样，这项训练的教具自身就能够掌控出现的各种错误，这是由于几何图形的插片也仅仅能够插回自己的地方，在其他的地方则不能插得严丝合缝。所以，孩子们通过多次反复的尝试与实验，最终还是能圆满完成训练的。

　　这里有一点值得注意的是，教给孩子们对形状不同的物体进行比较，假如孩子们把一个插片的位置放错了，那么插片就不会放到插孔中，这一项具体的训练可以指引孩子们的意识，使他们发现各个插片之间存在的细微差别。孩子们通过这种方式也可以锻炼自己的能力，即用眼睛识别各种形状。

　　孩子们在进行练习时一定要协调自己手上的新动作，这种新动作具有特殊的重要性。老师要求孩子们用右手，不过假如两手都灵活的话，左手也可以。要用右手的食指和中指的指尖去抚触不同图形的轮廓。孩子们不光要摸图形的轮廓，还要抚触跟图形相对应的孔的轮廓，都进行了触摸以后，孩子们心中就有了印象，才能够将这些几何图形放回到属于自己的正确的位置上去。

　　经过这样的训练，孩子们会更容易认识图形的形状。例如，有一些孩子对一些图形形状不能一下子辨别出来，有的是将很明显的两个图形的位置放

第七章 利用教具对孩子进行感知培养

错了,在孩子们对几何图形及其孔的轮廓进行了抚触之后,知道了这些图形的特点,于是能够很快地把几何图形放回到合适的位置上。

孩子们在对几何图形的触摸过程中,他们的手对所触摸的事物有了一个详细的感知,这点在孩子们对木框进行触摸时就感觉出来了,由于孩子们的小手沿着木框的边沿前进,木框对于他们来说,虽说是一个阻碍,但更是一个明显的引导。起初,老师一定要把这个触摸动作准确无误地向孩子们演示,这一点对孩子们接下来的训练特别重要。所以,老师一定要给孩子们演示仔细,在讲解这个触摸动作的时候不仅要缓慢,而且要清清楚楚地做出这个动作来,更重要的是引导孩子们用自己的小手做最初的尝试,以保证能够让孩子们触摸到各个细节,如角与边。孩子们用自己的小手准确无误地完成各个动作的同时,他们便能够沿着图形的轮廓去感受其形状,通过多次反复训练之后,孩子们就能协调好自己手中的各个动作,并准确地描绘出几何图形的形状。

这种训练虽说没有直接指向的训练目的,不过对于绘画来说,却是真正的准备工作。这种训练能够锻炼人用手勾画封闭形状的图形轮廓的能力,这是手上基本功的准备活动。孩子们或许没有注意到这一点,其实他们小手对图形轮廓的触摸、感触、并顺着图形的轮廓移动,这个过程也是为书写在做准备。孩子们特别注重在触摸平面插片方面锻炼自己的能力,为了做到这一点,孩子们自己还想出了一些办法,如将自己的眼睛遮住后再取放插片,因为看不到插片的模样,所以在取放的时候,只能靠触摸的方式,这样可以增加孩子们的触摸感,以加强他们的记忆。

跟几何图形在平面插片上复制出来的形状正好相对应的,有三套白色的方形卡片。这三套白色方形的卡片的尺寸大小跟插片木框的尺寸一模一样。这些卡片放在了三个特别的立方体形状的纸板盒子里面(图17)。

图 17　带有几何图形的卡片系列

我们把卡片分为三组，并且在这三组卡片上都有跟平面图形插片一样的几何图形，而且尺寸也一模一样。

第一组，用蓝色的纸剪出需要填补的图形的形状，贴在卡片上面。第二组，也是用蓝色的纸板裁剪好了之后贴在卡片上面，不过图形的轮廓是仅有半厘米左右的图形。第三组，是用黑墨水勾勒出的需要填充的图形的轮廓。

孩子们用第二套教具做练习，可以锻炼孩子用眼睛辨别平面形状的能力。

之前的几何图形插片练习使用的教具能够控制错误的出现，在此已经没有了这个功能。孩子们不能再通过不断尝试将几何图形插片放入正确的孔径中，而只能根据纸片上的图形轮廓来完成练习，只能依靠自己的眼睛来观察和判断各种几何图形的形状特征。

除了上述这些，孩子们在每次练习，特别是在从一组卡片到另一组卡片的练习时，他们的眼睛辨别力都会有所提高，到孩子们进行第三组的训练时，他们就能够观察出手中的木质几何图形插片跟它的外形之间是什么关系，即他们已经能把具体存在的现实事物和抽象的概念性事物联系到一起。此时，线条在孩子们的眼中，已有了明确的涵义，他们已经习惯了对一个简单的轮廓中所包含的图形形状做出自己的辨别、分析与评判。

孩子们自己已经能够想出各种各样的练习。他们很多人喜欢把许多的几何图形插片杂乱无章地放到桌上，手中再拿着一摞卡片，跟洗扑克一样掺和到一块儿，之后再迅速地将这些卡片放到相对应的图形之处。为了检查自己的练习是否出错，孩子们把插片放在卡片上面的图形上与之比较。在做此项训练的时候，他们需要一整张桌子的空间，他们会把木质图形插片放在桌子上面，另三个与图形相对应的纸板图形则放在与之对应的插片的下面。

孩子们还发明了另外一个游戏，即把两三张桌子拼到一起，把三个系列的全部卡片放在上面掺和到一块儿，打乱次序，这时孩子们再把几何图形插片拿出来，将桌子上放着的所有卡片快速地用眼睛扫视一下，以最快的速度将插片搁到贴有对应图形的卡片上面。

这个游戏由四五个孩子来做，假如其中有人能找到和木质的插片相对的填充图，就小心翼翼地准确地将插片跟卡片上面的图形对应着放好，另外一个孩子会把插片拿走，再将其放到画有一样图形的卡片上。其实这个游戏某种程度上能够激发孩子们对国际象棋的兴趣。

许多孩子能够自觉地用指尖触摸三组卡片的图形轮廓，不需要任何人的提醒与暗示，在进行训练的时候，他们的表情很严肃，但充满着兴趣，并且能够做到坚持到底，百折不屈。

我们还要教会孩子们另外一件事，就是给平面插片上面的全部图形起名字。最初我们计划不给孩子们传授那些特别严肃的正式的名称，如正方形、长方形、圆形等。可是孩子们特别想了解全部图形的名字，以至在学习梯形、十边形等这些特别难的图形的名字的时候，他们也露出了极其浓厚的兴趣。在学习新单词的正确发音以及跟着老师反复读单词时，他们都表现出了极大的兴趣。这段时间正好是孩子语言开发的最佳时期，这个练习同样对孩子语言开发很有帮助。

孩子们做了很长时间的有关平面插片的练习后，便会在自己的周围弄一些"新发明"。在孩子们进行了一段时间的感知训练之后，他们渐渐喜欢上了做一些事情，如辨认已知物体的形状、颜色以及品种等。这些练习和游戏能将孩子们体内的激情激发出来，世界在他们眼中变成了快乐的源泉。有一个小男孩，一天独自一人在屋顶的平台上走来走去，他的脸上露出若有所思的表情，嘴里自言自语地重复着一句话，"蓝色的天空！蓝色的天空！"

有一位红衣主教对维亚·盖斯蒂学校的孩子特别喜欢，一次他想给孩子们带点饼干，想看一下孩子们吃饼干时的喜悦表情，可是意外的情况出现了。在他把饼干给孩子们之后，孩子们并没有急急忙忙地把饼干吃掉，而是不停地说着饼干的形状："这个是三角形的，那个是圆形的，这个是长方形的！"正如孩子们所说，饼干确实被做成了不同形状的几何图形。

又如，米兰的一个平常的家庭，母亲在厨房里做晚饭，她从面包袋中取出一块面包、一些黄油。此时，母亲身边4岁的儿子喊道："妈妈，这面包是矩形的。"母亲没有作声，仍然继续着手中的活，母亲又拿刀子把面包的一角切下来，此时，儿子又喊道："这是三角形！"母亲依然继续做着，当母亲将切下来的小面包片放到了煎盘中，此时，儿子看着余下的面包片，声音说得更大了："妈妈，现在面包是梯形的了！"孩子的父亲当时也在场，他是一个工人，他看到了当时的情况，并且印象特别深刻。第二天他便直接找到了老师，要老师给他解释一下为什么会这样。他特别激动地说，假如自己小时候也能受到如此的教育，现在肯定不会只是一个普通的工人了。之后，这位父亲在他们居住的小区安排了一次演示活动，使自己小区的全部工人都喜欢上了这个学校。最后，他们交给老师一份自己画的毕业文凭，上面画有许多的孩子，孩子中间有各种各样的几何图形。

孩子通过对物体的触摸以理解和感受物体的形状这一练习不只是通过教具才能进行，实际上，孩子周围的一切物体和环境都可以成为触摸练习的教具和场所。我们有时看见孩子们在特别漂亮的柱子或者雕像前站着，欣赏一段时间之后，便会闭上眼睛，怀着虔诚祝福的心情，并对其外形进行多次反复的触摸。

有一天在教堂里我们的老师见到了维亚·盖斯蒂学校的兄弟俩。他们在那儿站着观看支撑圣坛的小柱子。那个大点的孩子慢慢地移到柱子跟前用手去抚摸，仿佛在告诉弟弟，让他也来跟自己分享一下快乐，他拉着弟弟到自己的身边，并温柔地拽着弟弟的手，让弟弟对这些光滑的柱子的外形也感受一下。不过此时，教堂的圣器收藏室的管理员来到他们跟前，粗暴地干扰了两兄弟的活动，把他们当作乱摸圣器的捣蛋鬼赶走了。

通过触摸物体的外形来识别理解物体的过程，让孩子获得了很大的满足和愉悦，并极大地促进了孩子的感知能力。

"立体感知"曾经被许多心理学家提到过，它是指人们用手抚摸立体物体的轮廓，从而对其形状进行辨别的一种能力。它不仅包含触觉，还包括肌肉感知能力。触觉仅能使人们对物体的表面进行触摸，以辨别物体的表面是粗糙还是光滑的。对形状的感知要有两种能力的结合，那就是触觉和肌肉感知觉，所谓肌肉感觉是指人们的运动知觉。我们在现实中常说的盲人的"触觉"，多数情况下指的是立体感知，即他们的一种用自己的手去感知物体形状的能力。

孩子们自身的肌肉运动形成的时期多是在3~6岁时候，恰恰是由于这种独特的肌肉知觉催促孩子们运用"立体知觉"。孩子们自发地把眼睛遮住，然后去辨别物体，如平板、螺栓等，他们的这种活动正是在使自己的感知能力得到锻炼。

孩子们可以通过各种练习锻炼自己的感知能力。他们闭上眼睛分辨形状规则的物体，如，小砖块、弹球、硬币、豌豆等多种不同的物体。他们能够从杂乱无章的物体中选择出类似的物体，再把它们放到一边。

在教具中还有一些浅蓝色的立方体，如球体、圆柱体、棱柱、圆锥等。教给孩子们认识这些物体形状的最佳方法便是使他们遮住自己的眼睛去抚摸这些物体，再去猜出它们的名字，我们会在以后详细介绍学习这些名字的方法。孩子们经过训练，把眼睛睁开后会带着更大的兴趣去观察这些物体的形状。

此外，还有一个方法同样也能使孩子们对几何形体产生浓厚的兴趣，就是使它们能够动起来，如球体能够四面滚动，圆柱体能够向着一个方向滚动、圆锥则能围着自己做运动，棱柱与棱锥却只能直立、不能动，不过棱锥相对于棱柱来说，直立得要稳一些。

我们还有一套这样的教具，是由6个纸板圆柱体组成，有的全部密封，有的用木头盖子罩着（图18）。我们在摇动这些圆柱体时，圆柱体会依据里面物体的不同性质，发出不同的声音，会从很大声渐渐地到很小声，直至几乎听不到。

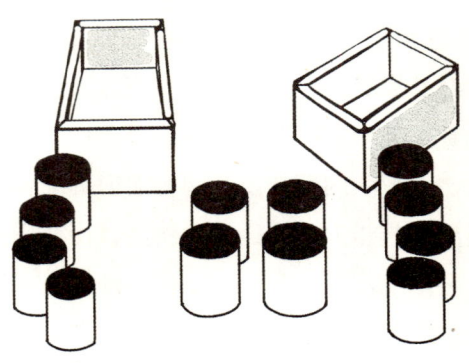

图 18　发声圆柱体

做这个练习需要有两套这样的教具，训练的第一步是对强度相同的声音进行辨别，即把发出强度相同声音的圆柱体摆放成一对。下一步就是训练比较声音的强度，孩子们根据圆柱体发出声音的强弱顺序把六个圆柱体排成一排。这项训练与色板的训练有些类似，色板训练需要根据颜色的深浅度来对其进行排列。孩子们在进行此项训练的时候，同样要在桌子的一旁坐下来，并且要找个舒服的姿势坐好。老师要给孩子们做一个简单的解说，之后孩子们便可以自己进行训练。在训练的过程中，为了更好地集中孩子们的注意力，需要把孩子们的眼睛遮住。

到此，我们可以将指导感觉训练的通用原则进行一下总结，这项训练的过程应该如下：

1. 对物体的一致性进行识别，即把物体插进合适自己的位置，把相似的物体进行配对。

2. 对物体的对比性进行识别，即把对立的物体进行区分。

3. 对相似的物体进行识别。

为了把孩子们的注意力在一定时间内集中到感知源上，最好的办法是最大限度地将孩子与外界隔离，如练习的时候房间里要保持安静，亦或是当进行跟视觉没有关系的练习时，让孩子们把自己的眼睛遮住。

我们用视频拍摄的教学影片中，有许多画面是孩子运用教具进行练习时的一个大概情况。相信有一定理论基础的人，在看到了孩子们做的这些练习后会逐渐认可这些教具和这些教学方法。

我们建议那些想培养孩子感知觉的成人可以自己试试动手操作那些教具。如此一来，大家便能够知道：有哪些内容是需要孩子们去进行感知的；在练习的过程中，孩子们要克服什么样的困难。训练进行到一定时期或许就会知道，这些练习会让孩子们产生多大的乐趣。

人们做完实验之后，会被其中的事实深深地触动：在把眼睛遮住的时候，发觉自己的听觉与触觉能够更加灵敏，对事物的感知能力则会更强。仅此一点就能让进行训练的人们对此产生极大的乐趣。

最早我们在罗马进行肌肉知觉训练的时候，使用过一套教具，这套教具在市场上无法买到（图19）。这套教具是由两套乐钟组成的，形成了八度音阶，有全音和半音之分，这些乐钟在一个长方形的木基上面放着，从外表上看它们特别接近，可是当我们拿着小木锤对其进行敲击时，它们能发出声音来，并且是 doh、re、mi、fah、soh、lah、ti、doh、doh#、re#、fah#、soh# 和 lah# 的音。一套乐钟按色彩顺序摆放在一块长板上，板上面刷着漆，图案是和乐钟的木基尺寸大小一样的黑白色的矩形的格子。和钢琴一样，用白色的格子表示全音阶，用黑色的格子表示半音阶。

图 19　乐钟

第一，与音调有关的只有那些摆在长板上的乐钟，代表一定的音符，这些乐钟摆在白色的格子键上并且是按照一定的顺序摆放的，即 doh、re、mi、fah、soh、lah、ti、doh。

练习的第一步要求孩子们拿着小锤击打已经放好的第一组乐钟的第一个音符，即 doh，再按照顺序敲击第二组的与之对应的乐钟，第二组没有半音符，并且杂乱无章地放在桌子上，此时孩子们只有经过一次次不断的尝试才能找到与刚才对应的 doh 的音。孩子们找到音调之后，便将其与前面第一组对应的乐钟的音调对应着放好。接下来找 re 的音，以此类推，一直将全部的音都找到并且对应着放好。孩子们用这种方式进行训练，能够把各个音符都识别出来，前面说到的圆柱体音箱、色板等物体配对也要继续进行。

第二，在孩子们对排列有序的乐钟快速敲击时，亦或是唱着 doh、re、mi、fah、soh、lah、ti、doh 给自己的举动伴奏时，他们就能够依次听到并熟悉各个音阶的音调。在孩子们能够识别并能牢记音列时，便会把八个乐钟搁在一起，混和一下，把它们顺序打乱，然后再拿着小锤进行敲击，以识别 doh 和 re 的音等。在孩子们每次用一个新乐钟做练习的时候，他们都会把乐钟敲击一遍，并且按着自己已经熟知的顺序排列着敲击，即 doh、re；doh、re、mi；doh、re、mi、fah；doh、re、mi、fah、soh 等。孩子们用这种方式进行训练，最后他们仅听声音便能够将所有的乐钟按着音阶的顺序进行排列，排好以后，他们就能够将全部的音符按着上下的音阶，一个个的击打一遍。这个训练让 5 岁以上的孩子非常着迷。

以上的教具练习可以作为进行听觉训练的启蒙阶段。其实，我们听觉训练教具的功能并不局限于此。我还选择了一些能够引起共鸣的金属管；能够发音的小木棒；还有一些弦乐器，如小竖琴等工具。孩子们能够利用练习乐钟时所学到的音乐知识及经验对这些能够发声的乐器进行辨别。此外，我们还可以让孩子们弹钢琴，使他们练习听音和辨音。用这些方式，孩子们可以发觉，材质不一样，音质也不一样。

我们可以通过多种方式来培养孩子们的乐感，如让孩子们弹奏钢琴进行曲以进行节奏的训练，孩子们自己哼唱简单的歌曲给自己的各种动作进行伴奏等。

此外，有一个极其重要的训练能够使孩子们意识到声音之间特别的关系，这项训练跟当前我们教育实践的一切尝试都不一样，它不是制造声音，恰恰相反，而是要最大限度地消除周围环境中的各种不同的声音，即我们说的"静默训练"。我的这一教学方法渐渐得到了非常广泛的应用，那些原本没有采用这套教学方法的学校，也因看到了"静默训练"对孩子产生的卓越成效而开始采用这种训练方法。

"静默训练"时，老师应该有足够的耐心教育孩子遵守规矩，抑制住任何原因导致的运动神经冲动，以达到身心的真正安静。老师不能单靠口头上的说教，应该给予孩子亲身示范，才能使孩子保持安静，做好孩子们的表率。

否则，孩子们是很难理解老师的意思，让自己安静地坐在这里。在老师的亲身示范下，他们就知道自己应该怎么做，不会再次违反规则和纪律。

要做好这个练习，孩子们一定要找到舒适的姿势，也就是说找一个姿势保持身体平衡。因此，孩子们在进行这项训练时不管是坐小椅子，还是坐到地上，一定要使自己坐得舒适。在全部事物都静下来的时候，此时的屋子里面必须是半明半暗的一个状态，不然的话，他们有可能把眼睛闭上，亦或是用自己的小手将眼睛遮住。

很明显，孩子们是带着极大的兴趣来进行"静默训练"的，他们仿佛已经进入到深思的状态，似乎对自己下了咒语一样。孩子们慢慢地感觉到越来越能够使自己处于一个安静的状态，并且这种静态给人的感觉越来越深，直至仿佛到了绝对静止的境界，好像黎明来临之前的黑暗一样，太阳同时也慢慢升起来了。

此时，先前的一些微弱得几乎听不到的声音可以依稀听见了，如嘀嗒嘀嗒的时钟声音、花园中麻雀吱吱喳喳的叫声、甚至蝴蝶飞舞时扇动翅膀的声音隐约都能听见。整个世界到处都充满了声音。不过这一切声音虽然侵袭了沉稳的寂静，但是对此并没有扰乱，如同夜空中的星星，虽然对黑暗的夜空有一定程度的照明，但是黑暗并没有因此而被驱赶。这一切就好像有一个新的世界被发现，其中有着太多的新奇。仿佛曾经一段时期，心灵被喧闹和浮躁给压抑住了。在这样的时刻，心灵获得了解脱，充满了自由，如同鲜花一样灿烂地绽放着。

我们抛开对现实的这些隐喻，对一切事物，如白天、光明、喧闹鲜明的记忆都沉寂下来，我们还能够忆起夜幕降临时我们的心情。其实那不一定是我们对白天的怀念，恰是人们内心深处的灵魂在不断发展。它对情绪变化的感觉异常灵敏，变得更加浓烈与长久，亦或是变得平静。

> 就在此时，
> 水手们有一种强烈地渴望，
> 内心深处则变得更加柔和。
> ——但丁

"静默练习"结束前，老师会逐个点孩子的名字。老师或是其中一个孩子，他们在班级后面或者隔壁的屋子里坐着，对孩子们逐一点名，将他们从沉静中唤起。此时一定要注意，点名时声音一定要小，不能大了。孩子们听到点自己的名字，就要站起来向着声音传来的方向走去。此时孩子们也要注意，动作一定要轻，千万不能弄出响动来。

孩子们对"寂静"的环境熟悉之后，他们对声音的感觉能力就会越来越强了。在孩子们感受过"寂静之美"与"妙乐之境"后，他们对喧哗的声音会变得越来越厌烦。此后，孩子们会继续对自己进行完善，如走路时轻手轻脚，不能碰到家具，在移动椅子的时候也不能弄出任何声音，在桌子上面拿放东西的时候，一定要轻拿轻放。

我们从孩子们优雅的举止中可以看见教育的效果，当然更令人惊喜的是这种优雅举止的产生方式。孩子们身上表现出这种优雅，并不是为了给某个人看，也不是为了美丽故意做出来的做作行为。恰恰相反，他们这种优雅的行为举止来源于宁静的心灵获得了愉快的感受。他们渴望自己的心灵能够从令人厌恶的喧嚣和浮躁中获得解脱，得到平静。这些有着高贵绅士行为举止的孩子们，正在努力地守护着自己的内心。

对于"静默练习"我们持肯定的态度，它能够培养孩子们的社会责任意识。这个效果是其他功课和其他情况都不能达到的。哪怕有五六十个孩子在一间很小的屋子里挤着，他们都知道如何能做到安静，只要乐意如此，屋子里就会有一种很深的安静。可是一旦有一个调皮的打扰者，就会把这种安静打破，使屋子里变得乱哄哄的。因此，做这个练习时要求所有的孩子要共同配合以达到一个共同的目标。

在这项训练中，孩子们的自制力会越来越强，为了不破坏安静的氛围，很多孩子都在努力地克制着自己，甚至是落在鼻子上的苍蝇、亦或是打喷嚏等，他们都能极力地忍着，只是为了不发出声响。孩子们在工作中特别谨慎，小心翼翼地行事，生怕弄出什么响动，从中我们也能够看出孩子们的合作精神。

在训练中要培养孩子养成好的习惯，当他们处在一个安静的环境中，他们能做到踮着脚尖跑步，这样能显示出他们的轻盈与敏捷；关橱柜的门时亦或是在桌子上拿取东西时，也能做到动作轻微、优雅和灵活。而一个用脚后跟用力走路或摆弄物品时弄得到处乱响的孩子，就足以破坏一个整体安静平和的氛围，毁掉大家共同努力营造的成果。

蒙台梭利教育启示

1. 在对孩子进行启蒙教育时，老师要持积极的态度参与其中，不只要给孩子演示该怎么做，参与时也要保持沉默。

2. 在孩子按照指导训练自己的感知觉时，老师不要进行干涉，而要让孩子反复进行练习，以体验不同的感觉。

第八章
教孩子学习正确地使用语言

　　语言是孩子认识世界的工具,尽早让孩子拥有,孩子就能尽早地探索世界。

——德国教育家 阿道尔夫·第斯多惠

阅读提要

听力和讲话的器官相互联系,对孩子来说非常重要,要及早帮助孩子进行语音练习。

比如,在教孩子认识事物时,可以利用命名法让孩子进行语音练习。此时,成人要做的,就是让孩子分辨物体之间的差异,并告诉孩子如何用语言描述这种差异。

总之,孩子的语言来自父母和好的环境,父母一定要做好准备。

第八章 教孩子学习正确地使用语言

因为听力和说话的感觉器官是相互联系着的，它对于人们来说有着极其特殊的重要性。因此，训练孩子的听力，让孩子在周围环境中去聆听各种声音并分辨声音之间的区别，是为孩子能更清楚地聆听语言的发音而做的准备。老师在跟孩子们讲话时，一定要注意吐字清晰、发音准确，哪怕说话时声音特别小就像在说什么秘密时，也要做到这一点。锻炼孩子们准确发音的另一个好办法就是让孩子们唱歌。在教孩子们的时候，老师注意发音一定要慢，将每一个音节都要发到位。

在孩子们进行各项练习的过程中，他们会使用到很多与感觉练习相关的名称，此时是让孩子练习清晰和准确语言表达的好时机。在练习的过程中，孩子们分辨出物体之间的差别时，老师要用一个词清晰地描绘出两者之间的差别。

例如，当孩子们在一遍又一遍地用粉红色的积木搭建木塔时，老师可以找到恰当的时机在孩子身旁坐下，拿起两个最极端的积木，即最大的一块和最小的一块，再把这两块积木拿给孩子看，并且说："这块是大的，那一块是小的。"老师仅用两个词即"大"和"小"，但是要重复几次，用重音和清晰的发音读出来。过一会儿，老师要用一个小测试对孩子们进行检查，看他们对词语的意义是否真正理解，她会对孩子们说"请把大的那块给我""请把小的那块给我"。紧接着还会重复一次，"大的那一个""小的那一个"。然后暂停一下，再指着积木问孩子"这是什么样的""那是什么样的"。如果孩子们明白了，那他们就能够回答"大的""小的"。紧接着老师可以使用类似下面的对话，让孩子能更清晰准确地表达词语，如：

老师："这是什么样的？"

孩子："非常大的一个东西。"

老师："什么样的？"

孩子："大的。"

老师："请大声、清楚地告诉我，这是什么样的？"

孩子："大的。"

注意，老师在教孩子理解"大""小"这两个词语时，所使用的教具必须是尺寸不同但外形相同的物体，即两物体之间的三维比例是一样的。这与我们通常说的房子的大和棚屋的小是不一样的。我们所说的一事物是另一事物的放大体，指的是两个相同的物体，即外形相同，只不过尺寸大小不等而已。

当物体长度没有变化，但是截面有变化，物体之间的差别就是厚薄之分。因此，老师教孩子理解棕色棱柱体之间的区别时，就要说它们一个是"厚的"，一个是"薄的"。很多孩子会因此产生疑问，作为老师，告知孩子正确地区分事物的方法是必要的，就一个事物的薄与厚，我们可以采取这样三个步骤让孩子理解：

第一步,用事物具体地告诉孩子,这个积木是"厚的",那个积木是"薄的"。

第二步，让孩子拿给你薄的那一个，再拿给你厚的那一个，给他们创设识别物体的机会。

第三步，让他们读单词练习正确的发音。向孩子提问，每种物体是什么样子的。

此外，还有另外一种方法，也对孩子们识别物体的大小有所帮助，这种方法还可以帮助孩子们按着顺序将物体排列好。如，在孩子理解了厚薄的概念以后，老师随意将棕色的棱柱杂乱无章地放到地毯上，接着对孩子们说："将最厚的棱柱拿给我。"并将孩子挑选出来的棱柱放在桌子上。老师继续重复刚才的过程，让孩子在剩余的棱柱中挑选出最厚的那个，并摆放在之前选出的棱柱上。如此一来，孩子不仅能更好地理解厚薄的概念，也能学会有条理地摆放物品。

有一些物体只存在一维变化，比如，木棒的变化仅仅是长短的变化，我们经常说它是长的亦或是短的。当物体只存在高度的变化时，我们说它是高的或矮的。当物体只存在宽度变化时，我们则说它是宽的或是窄的。以上三种变化中，我们最开始教给孩子们的是物体长度的变化。我们还是采用上面的三个步骤来学习，让孩子从一堆散乱的物体中挑选出最长的或者最短的，让孩子们能够学会长短的概念，同时更好地辨别物体之间的差异。

孩子们通过这样的训练能够提高自己使用词汇的语言能力。如，老师有时会用非常细的线条在黑板上画出格子，其中有一个孩子说："这条线好小啊！"另外的一孩子则纠正说："这线是细的，不是小的。"

老师在教授有关颜色与形状的名称时，不用过分强调两个物体之间的差别，如不用说最红的或者最不红的，老师可以给孩子们多个物体，让他们去识别，如"这个物体的颜色是红色""那个物体的颜色是蓝色""另外一个物体的颜色是黄色"等。再如，说物体的图形时，说"这个物体是三角形""那个物体是圆形""它是正方形"等。只有在有等级变化时才需要选择两个极端的物体进行对比，比如说"深""浅"，可以让孩子在众多颜色中挑选出最深或者是最浅的颜色。

我们在此处所讲的内容在视频中都能看见，不仅有上述内容，还有触摸平面插片的训练、触摸物体不同表面的训练、有关"踩线"走路的训练、有关颜色的记忆、给积木下定义以及有关阅读等诸多的训练项目。

孩子们通过练习这些项目，学会了很多的词语，诸如大、小、多、少、长、短、薄、厚等等，还学会了很多有关颜色以及物体形状的词汇。他们学到的很多词汇虽然没有涉及具体的事物，但是孩子们得到了很多精神上的收获。其实，孩子们学会的这些东西是要经过长期的训练才能领会的，他们在对比物体的差别时要聚精会神，经过比较、分析，从而形成自己的判断，最终获得自己对事物的观察力和辨别力。换句话说，他们经过自己的学习，掌握了基本的知识，对事物进行深度的观察与判断，具备了自己对事物的认识理解能力。

经过学习，他们对事物的观察理解能力有了长足的进步，渐渐地发觉自己对周围环境进行观察时自己的心理素质也得到了完善，相对于从前来说，更加灵敏。同时还发觉，自己的精神世界对事物的认识也有了一定的规则，并不是像先前那样毫无秩序，而是能够对不同的事物进行分类。知道了形状不同于维度，维度是根据可以组合的变化维度来分类的。所有这些又区别于等级变化，如颜色的划分可以依据色调和饱和度，声音和噪音是本质不同的事物，许多事物都有合适的名称来定义自己。

孩子们通过学习，提高了自己对事物的观察理解能力和对事物的辨别分析能力，经过观察、理解与判断，在自己的头脑中形成了自己对事物的认识，形成了对事物的概念，并且能够根据事物的概念、性质的不同，把事物进行归类。孩子们观察外面的世界，包括做一系列的实验，对其进行认知，同样也是用这种方式来进行的。他们身处于大自然中，面对大千世界，感觉自己一无所知，不过好在他们具备着自己独具特色的观察素养。

例如，在实验室里，孩子们会操作显微镜，在显微镜的帮助下，他们能看到肉眼无法看到的微观世界。如果他们是天文学者，他们就会比好奇的游客亦或是天文业余爱好者更能熟练地使用望远镜，以便使自己看得更远、更清楚。同样的道理，植物学家与游客对植物的看法也会不同，植物学家会用自己的专业知识对植物进行分析、判断并对其进行分类，给出合适的定义。恰恰是这种从复杂事物中进行分辨的能力将植物学家与普通的园丁给区分出来了。此外，准确和科学的语言表达是一个训练有素的观察者的重要特征。

未来的科学发明家都是现在一些经过特殊训练培养的人，他们经过特殊的训练，具备了一些独特的能力，能够用科学的方法对外部的事物做出科学的分析与判断。相反，一些人整天无所事事，他们做事情没有丝毫的准备、也不学习一些科学的方法、整天花前月下、游手好闲甚至是每天在做白日梦,这样的人是绝对成不了未来的科学家、发明家的。

孩子在我们设置的课程的训练下,不停地探索着世界,获得了独特的印象深刻的体验,并在这个过程中感受到了极大的乐趣。他们学会了方法,将原本看似杂乱无章的世界分门别类,使其变得有条理、有章法。之后,再进入他们脑中的物体就不再是混乱的,而是经过了他们理解的某类物体,孩子们在对知识的理解中能得到极大的快乐和满足。

蒙台梭利教育启示

1. 一定要注意,在跟孩子们讲话时,要清晰地发音,而且发音一定要发到位。

2. 让孩子一遍遍说着相同的话,孩子可能会厌倦。这时,可以教孩子唱歌,指导孩子的发音,将每一个音节唱到位。

第九章
尊重孩子是教育的前提

让孩子听从内心的声音,按照自己的意愿自由成长,这是父母应该给予孩子的尊重。

——德国教育家 约翰·赫尔巴特

阅读提要

在孩子的成长过程中，成人应该给予孩子适当的指导和帮助，而其中最重要的一点是，一定要用尊敬和友善的态度对待孩子。

要给予孩子足够的空间和足够的耐心，了解孩子的内心。在孩子努力朝成人靠近时，成人也要付出自己的爱。

只有允许孩子按照内心的呼唤成长，孩子的生命才能充满乐趣。

第九章 尊重孩子是教育的前提

儿童的成长是非常迅速的，在成长过程中也会给我们带来很多惊喜。作为老师，我们也应该给予孩子适当的引导和帮助。在孩子的成长过程中，老师应该将自己的能力发挥到最大，帮助孩子克服成长中的困难。但是，老师的功能仅仅是引导而不是干预，永远不要把自己的思想强加到孩子们身上，不要成为他们成长中的阻碍。

对于学习来说，平淡乏味的知识很容易让人失去兴趣，无法用心学习。只有保持孩子的求知热情才能实现正确的引导，这并不是一项难以完成的任务。要做到这一点，老师需要尊重孩子，对孩子有足够的耐心，并且在孩子做练习时不进行过多干涉，尽量让孩子独立完成操作。在这样的引导下，孩子们会按照自己的意愿发展自己的个性和自己的人生。每一个孩子都会有自己的兴趣和爱好，他们会做出选择，并且坚持下来。这些选择都是自愿的，没有任何强迫性，孩子会付出自己最大的努力获取最终的成功。他们会为自己的成功而感到狂喜，也会更加激发自己的兴趣、爱好。作为老师，只需要在旁边静静地观看即可，给予孩子们充分的自由。

在这个过程中，孩子们会遇到各种各样的事情，老师只需做一个旁观者，静静地等待奇迹的发生。当孩子取得成功时，我们应该为他们感到高兴；当孩子失败时，我们更应该给予孩子鼓励和支持。如果我们能像对待其他成年人一样，用尊敬和友善的态度对待孩子，会有不一样的发现。作为一名教育工作者，最基本的教育方法，就是要给予孩子足够的空间，以及拥有足够的耐心。

对于成人而言，我们希望工作时不被打扰、没有阻碍，也希望在需要的时候能有朋友提供帮助。其实，孩子们同样需要这些。孩子简单、纯净，他们没有任何繁杂的思维，他们就是希望自己可以有自己的空间，遇到困难的时候，可以有人帮助他们。这就是孩子们想要的，他们需要的就是尊重和空间。

可是，现实常常令人感到遗憾，我们并不尊重我们的孩子。很多家长或者老师经常以权威者的身份出现在孩子面前，并且强迫孩子接受各种要求和命令，却忽视了孩子的特殊需要。对于孩子，每一个家长都希望他们可以顺从自己的意愿，不反抗自己的观点。只有这样，家长才会觉得开心和幸福，他们认为孩子就应该这样。我们从来没有了解过孩子的内心，不知道他们想要什么。他们总是希望接近我们，无论是行为习惯还是生活方式，都希望与我们相似，减少同我们之间的距离感。我们可能会认为这些行为十分幼稚，可是，这确实是孩子对家长爱的真实表现。

孩子的世界是简单的，家长是他们世界的全部，他们希望和父母更加亲近，所以，他们会尽可能模仿家长的行为。这是他们为了自己爱的人，而付出的努力，而我们又为孩子做了什么？我们也应该为孩子付出自己的爱。对于孩子，我们需要认真地对待，他们的很多思想或者行为，都是他们依照他们内心最原始的呼唤而做出的。可是，我们对孩子的行为却没有任何了解，甚至认为他们是幼稚的、无知的。但是，我们需要明白，一个孩子从什么都不懂到能懵懵懂懂地理解这个世界都是在这种呼唤之下所进行的。

对于生命的成长，我们不应该进行过多的人为干预，在提供成长所必须的物质资源之后，我们便可以做一个旁观者，静静地等待孩子自己的成长。我们应该给予孩子自由成长的空间，让孩子自己去学习和成长，这就是家长和老师应该做的。上帝曾经有过这样的话语："不要害怕困难的到来，这是孩子必须要经历的阶段，只有这样才能够到达"我"的境界。"

蒙台梭利教育启示

1. 对于生命的成长,父母要给孩子提供成长所必需的物质资源,让孩子自己经历困难,避免过多的人为干预。

2. 父母要改变自认为是的权威的想法,不能强迫孩子接受各种要求和命令。要知道,父母眼中的开心和幸福,并不一定是孩子想要的。

第十章
让孩子掌握书写的能力

书写,让人类的智慧得以传承下去。

——苏联教育家 巴班斯基

阅读提要

在孩子有了自己的思维和意识，并且希望可以获取更多的知识后，可以抓住时机教孩子书写了。

最初可以让孩子进行描画，掌握好自己的平衡感，抓稳笔杆，学会使用书写工具。然后，就可以在认识字母的基础上，练习书写。

书写是一天天积累的结果，指导孩子学习书写时，要多注意小的细节。

第十章 让孩子掌握书写的能力

孩子们在大约 4 岁时，已经开始接触外面的世界，他们也开始有了自己的思维和意识，并且已经准备好向一个新的意料不到的境界迈进。这些经历了一定引导和训练的孩子，不同于那些没人引导只能依靠自我发展的孩子，二者在性格类型和智力水平上都存在较大差异。一方面是他们的天性不同，每一个孩子都有自己的爱好和兴趣；但更多的是由于他们后天发展的机会不同，这样，势必会造成孩子不同的发育状态和结果。当然，孩子们每一天都在变化，我们也无法预测孩子的未来会发展成什么样子。

等到孩子长到一定年龄的时候，他们都获得了公平的受教育机会，每一个人都享受同样的教育环境。这时，不一样的是先天赋予孩子的天性，这是他们的差异性，也决定孩子未来发展方向的不同。在同样的教育环境中，孩子们获得了生长和发育所需要的物质基础，也学会了生活中各项技能和技巧。获得了主动适应环境的能力的孩子，就有了一定的独立性，成为一个能自理的"小大人"。

生活中，在易碎物品的处理上，我们就可以看到孩子的成长和进步。他们会小心翼翼地拿着这些物品，不让它们被打碎或者碰坏，将它们送到目的地。我们看到了责任在孩子心中成长和发展，孩子们也因此变得更加优秀。

例如：你看到自己的孩子端着一满碗汤小心翼翼地走着，他们是那样认真和仔细。这就是他们责任感的体现，他们知道既要爱惜餐具也有责任把当时正在准备的那顿饭做好。他们已经开始知道自己什么事情应该做，什么不应该做，并学会控制自己的行为。小时候，很多孩子都喜欢发出各种嘈杂的声音，随着年龄的增长，孩子们意识到自己应该保持安静，不应该随意弄出噪音，这一切都代表孩子在长大。这一切的变化不仅仅是因为孩子的个性发展，还有孩子所接受的教育环境以及孩子内心世界的需求共同作用的结果。

很多人认为孩子们并没有在学校的教学中获得内心的成长，但是，学校教育确确实实地为孩子提供了认知外面世界的方法。通过学校教育，孩子们学会了分辨各种图形和事物，了解了很多天文、地理知识，学会了不同音符和语言，这些都是学校教育赋予孩子们的能力。在这些知识的帮助下，孩子们逐渐形成了自我认知能力，有了自己前进的方向和目标，促进了个性的发展。正是这些知识的获得，才使得孩子有了自己的认知和意识，明确了前进的方向和道路。在这样的过程中，他们的意识就这样自发地形成了。

在这些知识的获取中，孩子们学会了很多东西，并且知道如何运用这些知识表达自己的意愿。他们学会了表达的方式，知道怎么表达不同的事物。在这个过程中，孩子们心中有了自己的方向，他们知道如何在知识的海洋中，寻找自己所需，明白如何用语言联系人与人以及人与事物。他们的心中点起了一盏明灯，能在迷雾中找到正确的方向。

他们掌握了这些技能之后，学习对于他们来说就变得很简单。他们可以用很短的时间学会写字和初步的运算。这些并不是奇迹，也不是说我们只需要给孩子们纸和笔，孩子们就会自己学会一切。可能，有些人认为这些都是上天赋予的，这些孩子就是聪明。但事实并非如此，这些孩子是做了前期的准备工作，才拥有了超乎一般孩子的学习能力。事实上，孩子的意识和手部能力已经做好了书写和运算的准备，那就是关于数量、差别和等级概念在孩子头脑中的成熟。我们之前对孩子进行的教育，就是为了让孩子能够很快地接受随之而来的教学内容。无论是读书、写字还是计算，孩子们都可以很快地进入状态，并且掌握这些知识。换句话说，在前期教育的铺垫下，知识便在无形中进入了我们的世界。

大家都知道，语言无形中拉近了人与人之间的距离，使我们了解了彼此的想法和心声。写字和算术也是如此，虽然它们不像语言有明确的目标，但是，它们也增长了人类的知识和技能，促进了人与人之间的沟通。

　　孩子从一出生开始，就已经为以后的学习打基础了。他们关注自己的手，对它们产生好奇，想要了解它们的用途。随着年龄的增长，他们开始用大脑控制自己的小手，去拿一些小的物件，像圆柱体或一些类似的几何图形。这时，他们开始练习自己的协调能力，并且通过这些练习，使自己可以更好地运用自己的手指。这些都是孩子为了写字，而提前做好的准备，这些努力都是为了可以尽快地握住笔杆。

　　我通过观察和分析关于书写的运动，创制了两套截然不同的练习来让孩子为书写做准备。我们每一个人其实都有自己的笔迹，并且是完全不相同的。这是因为，每一个人进行书写的时候，都是由大脑神经支配我们的书写动作，而且每一个人都有自己的独特性，这就决定每一个人的笔迹都不会一样。对于很多精神科的专家，他们经常是通过病人写字的笔迹来判断目前病人的精神状态。此外，我们的书写引用了字母符号系统，这是书写的另一个基本特点。

　　这是人们进行书写的时候，最重要的两个方面，我们可以专门针对这两个方面内容进行练习。

控制书写用具的练习

　　这个练习的教具是两块浅槽木板，每块木板上面都立有 5 个粉色的方形金属框架，金属框架的手柄上有一个圆顶小把手，每个金属框架上还有一个蓝色的几何图形。在使用这个教具的过程中，我还给孩子们准备了一盒 10

支彩笔以及一本经过我 5 年观察制作而成的图画书，我希望孩子们可以一起使用这些东西。根据孩子们的使用情况，我对这套教具划分了难度等级，可以配合孩子的不同情况、不同阶段来使用。

将两个浅槽木板并排放在孩子面前，在上面摆上 10 个（每个浅槽板 5 个）完整的金属插件（图 20）。这时，我让孩子们从这些插件中选择一个，并且发给每个孩子一张纸和一盒笔，然后我按照下面的程序教导他们：

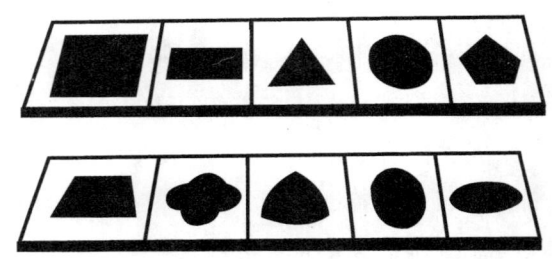

图 20　同期的显示金属插片的浅槽板

孩子们一只手拿起笔，另一只手按住自己选择的几何图形，然后用自己手中的笔，在几何图形的边缘沿边画下来。当孩子画好以后，将几何图形拿起来，会发现纸上出现了一个封闭的几何图形。这个练习并不是一个全新的练习，因为孩子在用手触摸木制几何图形轮廓时已经操作过这一过程了。只不过这次不是看，也不是摸，而是让孩子们用笔，将图形的轮廓画到纸上，这对于孩子们来说，是全新的，没有接触过的。这是他们第一次用自己的手，在纸上留下他们画图的痕迹。

在孩子们画图形的过程中，会渐渐地发现其中的乐趣，每画完一个图形轮廓就立刻把蓝色金属片放在上面。这就好比之前，孩子们在练习摆放几何插件的时候是一样的，他们很喜欢将几何插件放在另一个插板上，并且不断重复这个过程。这一次的不同在于，当孩子把几何图形放在画好的轮廓上时，会用另一种颜色的画笔沿着几何图形的轮廓进行描画。当孩子完成之后，会发现纸上出现了一个由两个不同颜色的轮廓组成的几何图形，这让他们十分惊喜。如果这两个颜色正好是孩子很喜欢的颜色，这样出来的效果会更加震撼。同时，对于孩子来说，也会爱上这个绘画的过程。

可能很多人认为，这很麻烦没有这个必要。但是，这对于孩子的成长是非常重要的。我们换种思维方式，假如老师不让孩子自己选择插片，而是随机分给大家，这样势必会使孩子的兴趣降低。孩子们在分到自己不喜欢的图形的时候，也会降低绘画的兴趣。如果我们不是摆在孩子面前，孩子们也不知道还有很多图形，根本无法激发孩子内心的冲动和欲望，这样的练习也就失去了应有的意义。

现在，仅这两个不同颜色组合的图形轮廓就能引起孩子们想看看其他颜色组合的无限欲望，更不用说，还有另外 9 种形状的几何图形。在这样的诱惑之下，必然会激发孩子探索的热情，也会促使孩子不停地重复做这个练习，这是孩子走向成功的重要一步。

这其实仅仅是书写训练的第一步，孩子们对于笔有了初步的感知。当孩子完成两种颜色的轮廓描绘时，他需要再拿起一支写字用的铅笔，在几何图形轮廓里点点画画，直到将轮廓里的空间填满。经过描画的图形就不再只是一个轮廓，而是与卡片上的图形非常相似的一个图画，这会让他们有很强的成就感。

正是这种感觉使他们不停地重复练习，他们在十种颜色之间不停变化。刚开始练习时，孩子的小手还不能很好地控制住笔，线条一时粗一时细，线条之间也不平行，而且有时还会画到图形轮廓之外。经过一段时间练习，孩子们的描画能力有了很大的提高，线条变细了一些，不再粗一条细一条，画得均匀规整，也不会把线条画到几何图形轮廓之外去了。孩子们会被不同的颜色和图形吸引，他们很快乐地不停描画，没有任何厌烦的感觉。因为，这项工作是在孩子自愿的前提下进行的，孩子没有被任何人强迫。渐渐地，你会发现每个孩子都拥有了数量不少的图画作品。

通过这样的练习，孩子们学会了正确的握笔姿势，并且可以很自如地控制手中的笔。这时再教授孩子写字，就是一件很容易的事情。如果没有经过一段时间的用笔练习，我们一开始就让孩子学习写字，就会满纸都是不工整的字迹，而书写也会变成一个艰难枯燥的过程。

但是，这项练习到目前为止还是比较粗糙且不完善的。孩子现在是按照书上的内容，按顺序进行颜色的填涂。接下来，孩子们可以根据自己的爱好，选择不同的颜色进行填涂。可能，很多家长会疑惑让孩子进行颜色选择，这对孩子有什么作用。我想说的是，在这个过程中，孩子并不是简单地进行颜色的选择，而是在培养自身对颜色以及图画搭配和谐性的敏感度。在这个过程中，他学会了色彩的运用，以及如何用颜色表达自己的心理感受。这是那些没有受过教育的孩子无法认知的，孩子学会了通过色彩的明亮或暗淡来表示周围的生活，这是色彩在孩子成长中所起到的作用。

色彩的学习，对孩子的书写也起到了一定的作用，它能让孩子拥有一种整洁、优雅的书写字体。孩子画图的过程，其实就是另一种学习的过程。它教孩子如何在受限制的环境中生存和活动，无论是画什么，都有线条长短的限制，不能无限制地伸展，需要在一定的条件要求之下去完成。画图就是依照图形的模样进行画的。生活中，动植物以及其他图形，都有自身形状和颜色的限制，这就要求孩子们必须在一定的范围之内进行绘画。

长期进行这样的绘画练习，孩子就会学会控制自己的行为，他们会让自己适应在约束的条件下生存，并且掌握手的协调性，这些都是在画画的过程中掌握的。经过这样的训练，在孩子学习写字的过程中，我们不用担心写字格子的大小问题了。因为，孩子已经为不同的格子做好了准备，无论是什么样的格子，孩子都可以把自己的字写得规规整整，并且都在格子之内。

孩子进行色彩和绘画的练习，并没有具体次数的限制。他们可以一直不停地做这件事，有时候，孩子们会用不同颜色的彩笔在之前绘画的图形上进行描画。他们重复做这件事情，就是想画出颜色最佳的画作，寻找自己心目中的色彩。

在他们用彩笔填涂之后,他们还会用水彩继续对画作进行填涂,就是希望可以寻找到最佳的色样。孩子们的色彩感知训练,就是想要寻找到他们心目中的色彩。更深入的色彩感知练习我在这里就不再详细叙述了。

字母符号的书写练习

关于字母符号的书写练习,我也制作了一套教具,是一系列字母符号。它是一组有着一层光滑表面的纸质卡片,卡片上贴着用砂纸裁成的字母符号(图21)。还有一种是一张贴有几个字母的大卡片,在这张大卡片上几个形状相似的字母成组贴在一起。

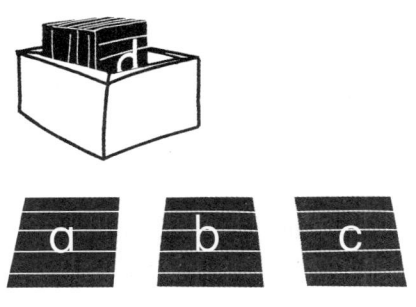

图21 单个砂纸字母卡

对于这些教具的用途，就是帮助孩子学习字母。但是，在真正写之前，我们需要让孩子认真触摸每一个字母，让孩子感觉每一个字母的形状。这个触摸的过程，和孩子当时触摸插板是一样的过程，孩子要用手仔细认真地感知这些字母，这才是触摸的真正目的。

作为老师，需要告诉学生怎样去触摸，用什么方式触摸，并给孩子做一个演示。这样，孩子在触摸的时候，就不会显得盲目，他们会按照老师的方法进行触摸，并且会乐此不疲地按照老师的要求进行触摸。在不断触摸的过程中，孩子们会逐渐意识到每一个字母的形状，并了解他们。很多孩子学习写字的时候，可能都没有经过这样的训练，孩子们第一眼看到字母时，可能没有办法准确将它们描绘出来，他们的笔迹也会十分混乱。而且，如果没有经过手部的运动神经训练，一上来就让孩子用笔去拼写这些字母，容易让孩子产生紧张的情绪，他们可能会感到害怕甚至不知所措。因此，在孩子开始书写之前进行一些准备练习，是非常必要的。

在触摸砂纸字母符号的过程中，孩子们大概了解了每一个字母，他们通过触摸和感知对每一个字母都形成了直观印象。再次面对字母的时候，孩子们便不会产生害怕和恐惧的情绪了。老师在一旁，要读出这个字母的音，让孩子一边触摸一边听老师读这个音节，并采用我们前面提到过的三阶段授课法。当孩子触摸字母的时候，老师看见这些字母，在孩子关注这个字母的同时，老师读出这些字母。如当他们触摸元音字母 i 的时候，老师不停地在一旁重复 i 的发音。在老师重复完毕之后，孩子们也试着读这个字母的发音。当他们读得差不多的时候，老师便会和他们说："请把字母 i 拿给我。"在这样不断练习的过程中，孩子们了解了这个字母，并且学会了发音，知道每一个字母是怎么发音的。

在教授孩子其他字母时，也同样用这种方法，在孩子触摸的过程中，反复告知孩子这个字母念什么，教给孩子这些字母的发音。在这样的不断练习中，孩子们认真看着每一个字母，学习着每一个字母的发音，他们是那样认真和专注，不会放过任何一个字母。通过这样的过程，孩子们慢慢懂得了每一个字母，并且在脑海里留存了对每一个字母的印象，这样，孩子们对于字母的拼写就不会产生恐惧感。

孩子们了解每一个字母，并且对它们产生认知，这是非常关键的程序。在这个过程中，孩子们了解了这些字母，不仅为书写做了准备，也为阅读打下了基础。因为，孩子进行字母认知的过程就是读和写的过程，这也有利于孩子未来在写与读上的提高和发展。在这些细节的积累之上，孩子们开始具备了写字的基本技能，在不知不觉中已经可以进行书写了。这些是孩子长期内在形成的结果，他们自己并不能清楚地意识到这一点。当有一天孩子会写字的时候，那会给孩子带来极大的惊喜，他们为自己不知在何时获得了这种能力而惊喜。

在我的教具中，还有一些是可以自由活动的字母。这些字母符号用粉红色和蓝色的纸板裁剪而成，放在一个有格间的特殊盒子里，用于组合单词。我们知道，单词是由字母组成的，在孩子学习单词组合的时候，只要我们可以说出单词组合的不同字母发音，孩子们根据这些发音，就可以在这些活动字母盒中找到合适的字母，并且将这些字母组合起来，这是孩子学习词语拼写的很好过程。比如，老师清晰地拼出一个单词，并拼出组成单词的字母，孩子们听着这些字母，大脑已经接受了字母讯息。他们在移动字母盒中寻找这些字母，并将它们拿出来，按照老师说的字母先后顺序依次排列开来。这样，一个单词就被孩子排列出来了。

经过长期训练，孩子们就可以很容易拼出一个单词。他们还可以根据自己的意识，拼出自己大脑中的单词。在这样的训练之下，写字对孩子们来说便不再困难。这个训练，不仅仅是教导孩子如何拼写单词，也教会孩子如何拼读单词，这是非常重要的过程。也就是说，我们引导孩子的不仅仅是写，也包括让孩子学会读。

在这个过程中，老师要给孩子们进行充分的示范，让孩子们了解怎样将活动字母组成单词，并且正确读出这个单词的读音。孩子们在老师示范之后，自己认真进行重复练习，并且读出这些单词。

  在我给孩子们准备的教具中有两套活动字母。一套是一些大的活动字母，另一套是一些小的活动字母。我们将大的活动字母中的元音部分单独装在一个盒子中，用于进行第一步练习，因为刚开始识别字母需要用较大的物体。剩下的辅音字母则装在另一个盒子里，孩子们不需要全部都认识，只要认识一部分就可以进行拼字练习了。可能孩子们并不能完全正确地读出每一个字母和单词，但是，只要孩子们认识了其中一部分，经过不断练习就会认识这些单词了。

  还有一些字母是比较小的，主要是为那些已经经过了第一步练习，把所有字母都认识了的孩子准备的。这些字母装在另一个盒子中，是帮助孩子进行第二步词语练习的教具。通过之前练习的学生，尽管他们从来没有触碰过笔，但是他们可以用笔在纸上写出很多单词，而且都非常正确。经过不断练习，孩子们可以在纸上写出更多的单词，并且非常正确和完整，没有任何错误，写字的技能还在不断提高。

  这些并不是我们教给孩子们的，是孩子们通过之前的练习自己学会的，他们就用同样的方式一个单词一个单词地写下去，就如同孩子读出第一个词之后就会继续说话，学会走第一步之后就会继续走下去一样。所有过程都是孩子发自内在的进行自我完善的过程。孩子做好了准备工作之后，他的自我就会如同身体稳步成长一般不断发育成熟。

蒙台梭利教育启示

1. 教孩子书写,首先要让孩子感知笔,这是最初步的训练。可以让孩子用笔描画轮廓,填满整个图画进行训练。

2. 在教孩子写字母时,要告诉孩子字母的发音,让他们触摸并记住字母的形状。等到孩子在脑海里留存了对每一个字母的印象后,再进行书写练习。

第十一章
给孩子最好的音乐教养

音乐教育并不是音乐家的教育,而首先是人的教育。

——前苏联教育家 苏霍姆林斯基

阅读提要

对于音乐的学习，最重要的就是五线谱，可以帮孩子制作五线谱教具，教孩子如何进行发音。

在孩子了解了基本知识之后，要给孩子提供小键盘进行练习，还可以配备专业的敲打木棒，以此来判断自己敲打正确与否。

音乐教育是很好的启蒙手段，一定要把握好。

孩子能够阅读以后,就可以把学到的知识运用到识别音符的名称上。除了前面提到过的用于感知训练的一套乐钟,我们还可以用另一种教具作为音符识别的入门工具。这是我们自己制作的,它需要一块木板,先将木板的表面弄光滑并漆成绿色,再用黑色颜料标上五线谱,在线与线之间的空白处都打上一些小型圆孔。这些圆孔上方对应写着高音谱号的名称。在很多高等音乐学院,他们都是用这种方式,教会初学者如何学习音符。同时,还要准备一些白色的小圆片,这些小圆片正好可以嵌入之前打好的圆孔之中,这些小圆片上标注着音符名称(doh,re,mi,fah,soh,lah,ti,doh),可以让孩子在五线谱上进行很好的练习。

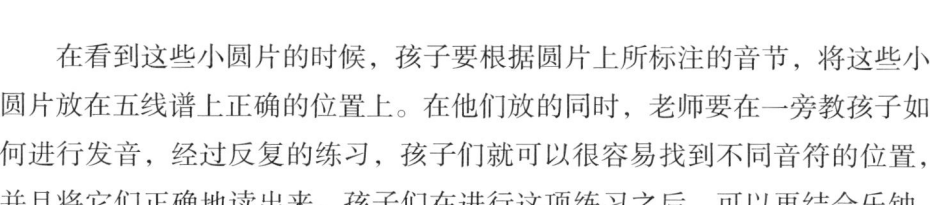

在看到这些小圆片的时候,孩子要根据圆片上所标注的音节,将这些小圆片放在五线谱上正确的位置上。在他们放的同时,老师要在一旁教孩子如何进行发音,经过反复的练习,孩子们就可以很容易找到不同音符的位置,并且将它们正确地读出来。孩子们在进行这项练习之后,可以再结合乐钟,听乐钟发出的音符,然后,从手里的小圆片中选出正确的那一个。这样长期下去,孩子们就可以很容易分辨出不同的音符和音节。

做完这个练习,就可以继续下面的练习。这个练习要用到的教具也是一块刻着五线谱的绿色木板，但是要比上面提到的木板长一些，但这块木板既没有凹痕也没有标示符号（图22）。这个练习需要很多标有音符名称的白色小圆片，让孩子们进行任由摆放。小圆片的一个面上标示了音符的名称，孩子根据它的名称，把这些小圆片放在合适的位置，写有名称的一面朝下。孩子将这些小圆片都放好之后，再将这些小圆片翻转过来，核对一下自己是否出现错误。学习完高音谱号，孩子们就可以接着轻松地学习低音谱号了。

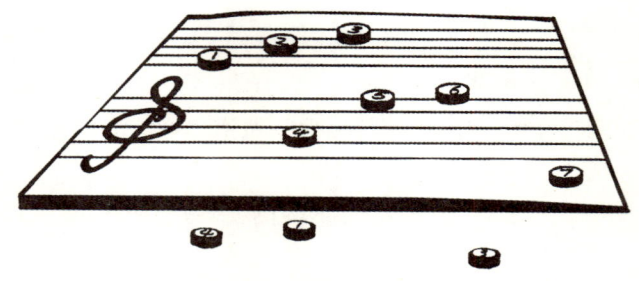

图22　五线谱练习工具

同时，我们还可以为孩子增加另外一个五线谱，让孩子进行练习，这两个五线谱的摆放如前图所示。在这个五线谱中，我们让孩子从 doh 开始，将这七个音阶依次排列到 ti，然后再回到 doh，这是进行升序排列。然后，在从 doh 开始倒着进行排列，最后在回到 doh，这是降序排列。然后，继续让孩子们从 ti 开始降序排列七个音节到 doh，再从 ri 开始升序排列六个音节到 ti。这些音节在上面那些音节的下面进行排列，并且最终排列成菱形的形状。

通过以上这些练习，孩子们将会对五线谱有更清晰的认知，可以准确了解每一个音符在五线谱上的正确位置。这是教孩子识谱的最基本的方法，可以让孩子很轻松地掌握五线谱的运用。

在孩子们了解了这些基本知识之后，我们为学生提供了小键盘让孩子进行练习。这些键盘比正常的钢琴键要小，只有两个八度音阶。但是，这个小键盘具备了钢琴应该具有的所有功能。而大的钢琴是根据成人比例制造的，对于孩子来说过于庞大，他们需要有自己专门的小键盘。所以，为了帮助孩子更好地接触音乐，我专门去构造了制造键盘所需要的部件，给孩子们制造了这个小键盘。

同时，我们还给每一个孩子配备了专业的敲打木棒。用专用的钢琴护垫木槌敲打一个键，抬起后就可以看到这个音符的名称，以此来判断自己的敲打正确与否。在这个过程中，孩子可以进行独立的练习，在他们敲打的过程中，他们不仅可以知道自己是否敲打正确，而且还可以看到自己敲打的姿势。对于孩子来说，是极好的教学过程。

这个键盘本身是不能发出声音的，我们在键盘下面安装了一种类似风琴管的发声管。孩子在敲打的过程中，就能像敲击琴键那样产生相应的乐音来。孩子们以此来进行音符控制的练习。

蒙台梭利教育启示

1. 在教孩子掌握五线谱时，一定要让孩子自测着练习。还可以结合乐钟，听乐钟发出的音符，选择五线谱上正确的音符。

2. 在使用敲打木棒时，除了要让孩子关注自己的敲打是否正确外，还要让孩子关注自己的敲打姿势。

第十二章
用木棒和卡片训练孩子的计算能力

计算能力,是孩子生存的需要。

——德国教育家 贝洛芬妮

阅读提要

在训练孩子的计算能力之前,先要让孩子对数字产生感知,而且明白数字之间的相互关系。

首先,可以利用木棒让孩子在大脑中形成清晰的认知,再通过添加或减少木棒让孩子学会计算。

在训练时,最重要的一点是,一定要将数字与实物结合,这样孩子才能有清晰的感知过程。

第十二章 用木棒和卡片训练孩子的计算能力

在学习计算之前，孩子们先要具备必要的本能知识，要对一些概念有清楚的认识。在之前的感知训练中，那些教具让孩子对数字产生了感知，并且对数字之间的相互关系有了明确认知。在进行物体形状差异识别的练习中，孩子也理解了一致和区别的概念，并且学会了将相似的物体按照一定的顺序摆放好。我们先让孩子对数量概念有了一个清晰的感官认知，也让孩子了解了不同教具之间的差异性，然后就可以对孩子进行算术方面的学习了。

我特别给大家讲一下立体插件的第一个练习，孩子（2岁半以后就可以了）在独立进行圆柱插件的练习过程中，他们自己将圆柱体一个一个地插进这些物体中，但是在最后却发现有一个过大的圆柱体无论如何也无法嵌入这些洞孔中，孩子们在不断练习中本能地思考为什么有一个圆柱插件找不到自己的位置。此前，孩子的大脑对老师过早教授算术并没有做好准备，但通过这样的练习后，孩子的大脑会慢慢开始进行知识储备，这是一个缓慢的自我培养过程。

当孩子的大脑准备好了以后，就可以开始算术学习了。在进行算术练习时，我们还需要运用感知教育时采用的同样的三套教具。这三套分别是粉红色的立方体、棕色的棱柱体以及绿色的小木板，这三套教具分别在大小、厚度和长度上有所不同。这些都能辅助孩子学习算术知识，它们之间具有一定的关联性。如在教孩子认识长度的那组教具中，每块木板的增长比例是10厘米而其他尺寸都不变。以最短的那块为标准，其他的分别在此基础上扩展自己的长度，每一块都比前一块木板增加10厘米，最后一块木板则比第一块木板增加 90 厘米。这就是每一个教具中 10 个工具之间的相互关系，它们是根据 1 到 10 的顺序进行排列的。

第二组工具也就是教孩子认识厚度的棱柱体，这个教具也是由 10 个工具组成，并且每个之间存在厚度的变化。这些棱柱的长度没有变化，但横截面在不断地发生变化。以厚度最小的棱柱为标准，第一个棱柱的厚度为 1 厘米，之后每一个棱柱逐渐增加 1 厘米，直到最后第十个棱柱，厚度增加至 10 厘米。按照这样推算，第一个棱柱的厚度为 1 厘米，4 个这样的棱柱就可以组成边长为 2 厘米的棱柱体。那么，按这样的方法进行计算，9 个这样的棱柱体才能构成边长为 3 厘米的棱柱体，就这样依次类推。最后，孩子所得到的 10 个棱柱体之间的比例应该按照以下顺序进行排列组合：1:4:9:16:25:36:49:64:81:100。

教孩子区分大小的粉红色立方体的边长同样也是根据数字顺序依次递增。其中，最小的边长为 1 厘米，第二个边长为 2 厘米，然后依次类推，第十个也是最大的边长为 10 厘米。那么，从第一个立方体到最后一个立方体，它们的体积之比分别是 1 到 10 这个数列的立方乘积之比，也就是 1:8:27:64:125:216:343:517:729:1000。这是这十个立方体的体积变化规律，如果我们想凑成第二个立方体，也就是边长为 2 厘米的立方体，我们就需要 8 个边长为 1 厘米的小立方体组合而成。如果想要凑成一个边长为 3 厘米的立方体，那么，我们就需要 27 个这样的小立方体。其他立方体也是这样的规律，大家依次类推便可得到。

孩子通过练习可以很快认识到，这三个教具中，绿色木板教具是最难的一个，而粉色立方体教具是三个当中最简单的一个。当我们直接教孩子算术时，就需要选用长棒，并对这些木棒进行改良，将它们每一个部分都改成 10 厘米，然后用不同颜色进行标注。第一根木棒长 10 厘米，我们就以 10 厘米为界线，然后用不同颜色将高出 10 厘米的部分标出。最后一根要比第一根长 90 厘米，我们就用不同颜色相互间隔表示木棒高出的长度，但是每一个颜色所涂长度均为10厘米。做完这些工作之后，我们将木棒按照顺序排列整齐。这时，我们就可以教导孩子们进行算术，让他们从1到10依次开始进行数数。

我们将之前做好标记的小木棒放在孩子面前，在每一个颜色分割线之间告诉孩子这是代表1，下面是代表2，接下来是3。在说的过程中，老师也需要用手指给孩子们，告诉孩子们数字分割的具体位置。在老师反复教导孩子之后，孩子大脑中会形成清晰的计数概念。当老师反问孩子的时候，孩子会很明确地告诉老师，哪个是1，哪个是2，哪个是3。然后，我们可以继续用这种方法告诉孩子怎么进行计算，并且根据孩子的接受程度适当添加一至两个木棒。通过练习，孩子会发现，比一个木棒长4倍的木棒是由4个相同长度的小木棒组成的。

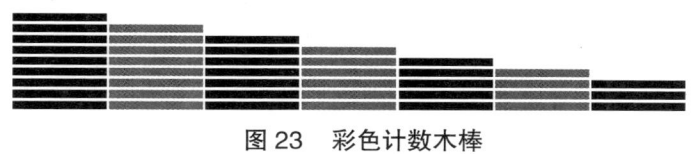

图23　彩色计数木棒

这套教具对孩子学习算术是非常有帮助的，当孩子读出一个数时，这个数有一个相对应的具体实物存在，也就是将数与实物相结合，这是一个十分重要的过程，可以让孩子有一个清晰的感知过程。就好像，我们告诉孩子这个人拥有100万，但100万对孩子来说是一个很虚幻的数字。我们要告诉孩子这是一个价值单位，可以说明一个人拥有的财富值，他们就能够明白了。

比如7与8相加，这些数量代表着同类单位的集合，所以他们可以相加。当我们给孩子讲解9的时候，我们手中的木棒并不是9根，而是一个木棒，只不过这个木棒用颜色涂成了9个阶段，并且这9个阶段是完全相等的长度。这就是我们教孩子算术所运用的工具。再如我们要教孩子8加上2的时候，我们就需要准备一根由8个相同长度的小木棒组成的木棒，和一个两个长度相等的小木棒组成的木棒。然后，我们将这两根木棒并排摆在一起，就可以代表8加2。

但是，在一般的学校中，老师会采用豆子或者米粒以及弹球来教孩子计算。当计算8加2时，这种方法就是让孩子从里面拿出8个豆子或者弹球，然后再拿出2个，这并不是在计算8加2，给人感觉更像是在计算8个1相加，然后再加上2个1。这样的训练并不会让孩子感觉到这是在计算8加2，因为老师忽视了相连的8与一个一个组成的8之间的区别。这种方法不但使孩子无法很好地学习算术，也不利于孩子们算术能力的发展，是极为不好的教学方法。

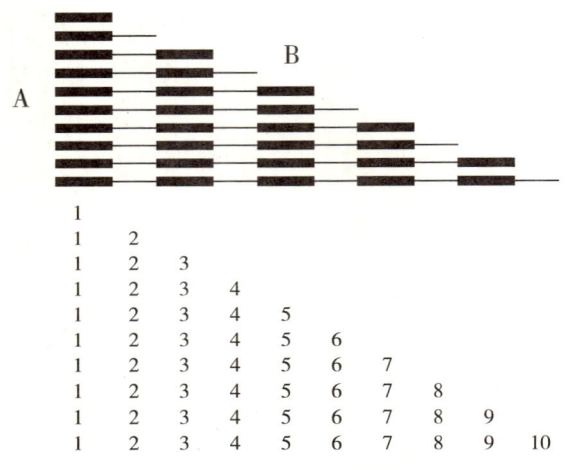

用以说明计数木棒用法的图表

我认为用木棒的方法教孩子算术是非常有效的，我们可以让孩子先将木棒由长到短依次排开（摆放长楼梯的顺序），然后让他们依次把最后一根木棒放到第一根木棒的旁边，最后一根是1，第一根木棒是9，这样两个木棒相加就是10。通过这样的方法，我们将倒数第二根木棒放到第二根的旁边，一直放到第五根木棒然后停止。这些木棒向我们演示了加法的运算，比如9加1以及8加2等，一直到了6加4，这是我们用小木棒进行的加法运算。在我们进行完之后，我们再将这些小木棒还原到原来的位置上，4放回5的后面，然后依次放到 1。这就是我们在进行减法运算，就是 10 减 4 以及 10 减 3 一直到 10 减 1。

当向孩子进行实际数字的教学时，就意味着从木棒练习转变为使用独立的单位进行计算。这是从具体实物到抽象数字的一个飞跃和进步，我们也要明确地告诉孩子们，这些数字是可以相互结合的独立整体。

换句话说，人类不断前进和发展，产生了语言，并且在此基础上将原始的具体的计算工具小木棒，变成了抽象的数字，这都是人类不断发展的结果。换言之，数字可以代替具体的实物了。我们使用小木棒，只可以将算术的范围限定在 10 以内，或者稍微提升一些，但是很多较大的数据我们无法计算。我们只是运用小木棒帮助孩子建立运算的意识，在这种意识建立之后，我们就需要让孩子们进行数字计算了。

数字，是抽象的图形符号。但是，它可以使人类的思维进行无限拓展，并且可以不断发挥人类大脑的潜能，进行新的计算。

在我给孩子准备的教具中，有一盒光面卡片，这些卡片上面粘着砂纸剪成的从 1 到 9 的 9 个数字（图 24）。这和粘着砂纸字母的卡片类似。在这个过程中，我们需要让孩子们明白，每一个数字怎么读，每一个数字分别是几，这就是我们的教学目的。

图 24　同期的砂纸数字卡片

学习数字的过程不同于学习字母，学习数字的时候，老师首先要告诉孩子这些数字都是对应哪根木棒，这些数字怎么读，这都是老师要告诉孩子们的。在做完这些事情之后，老师就应该将数字按照由小到大的顺序放在木棒的旁边，并且与这些木棒相互对应。这样经过长时间的练习，孩子们就可以对数字有一个清晰认知，他们也会对这个游戏产生兴趣。经过这样的练习，孩子们知道了如何利用这些数字，也掌握了每一个数字。他们可以很容易地用这些数字进行计算，或者把他们重新组合成为新的数字。

为了帮助孩子更好地练习，我还准备了其他的教学用具，这些用具包括钉子、木棒、积木等，都是帮助孩子进行计算练习的。这些教学用具的目的其实就是帮助孩子了解数字，比如说钉子，我们给孩子一个盒子，在盒子里面有小的格间，每一个格间中都有数字卡片（图25）。孩子只要按照数字卡片上的数字在格间中放入相同数量的钉子就完成了。另一个是在外面摆放各种数字卡片，然后让孩子在每一个卡片上面放上同样多的积木或者是木棒。

图25　计数盒

这个练习仅仅是学习的第一步，还没有涉及有关0、几十或者其他运算，相对比较简单。要想了解更加复杂的课程授课方法，可以看我其他著作，这里就不详细讲述了。但是，还有一点我是需要说明的，就是在小木盒中有一个格子我是放着0的卡片，那就意味着这个格间什么也不能放。孩子们要从1开始才可以在格子中放东西，一直到9。我们把0放在1的旁边，这样，我们格子中就会有10，在我们数到9的时候，我们就可以再接着数10。

假如我们用像木棒10那样的工具，而不是用1的话，我们就可以数出不一样的数字。按照这样的方法,我们可以从 10 一直数到 90。其实,我为孩子准备的教学卡片中也有这些数字,而且这些数字是可以相互遮盖的。这些数字的每一个数都是可以变化的,从 1 到 9 都是可以相互转化的,0 也不例外。当数字是 10 时,我们可以用 1 的卡片遮盖 0,这时数字就变成了 11,依次类推,我们可以一直变化到 19。接着就是十位上的数字,我们也可以进行变化(图 26)。

图 26　练习算术用的长方架

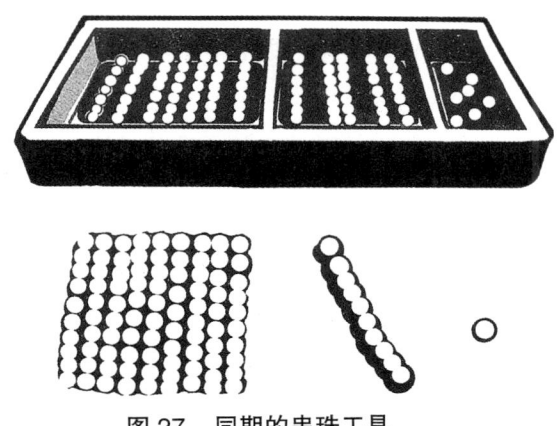

图 27　同期的串珠工具

图 28 串珠工具——立方串珠、方形串珠和串珠

如果孩子无法很快运用卡片进行数字组合，我们可以先从小木棒开始。我们可以从 10 开始，这时我们的卡片也变化到 10。我们从小木棒中拿出代表 10 的那根木棒，然后，再拿出 1 的那根木棒，用 1 的木棒遮盖住卡片中的 0。同时，将 0 也用卡片 1 代替。我们就用这样的方法，一直变化到 19。接着，变化 20 的时候，我们就用两根代表 10 的木棒组合成 20。

孩子们在进行这样的练习的时候，表现出极大的兴趣和热情。这些练习，也使得孩子们思想更加活跃，头脑更加清晰。

我们在教授孩子书写和算术学习的过程中，积累了大量的经验，获得了艰苦教育的成果。这个阶段的教育为的是让孩子协调肢体动作和初步认识世界。这是孩子学习过程中非常重要的环节。这些学习成果，会对孩子将来的学习和进步产生极大的影响。同时，也是孩子们第一次对自己的智力进行开发的过程。

这些训练对孩子来说是非常重要的。因为，如果不通过书写语言和数字对所有这些帮助孩子理清意识的收获进行巩固，它们可能就会被荒废。所以，我们需要让孩子继续进行练习，将这些知识变成自己的知识。只有这样，这些知识才能真正成为孩子的知识，才能被孩子吸收和利用，并对他们的未来产生极大的促进作用。

这时，我们可以做的就是帮助孩子，让孩子带着现在的知识进入下一个知识的学习中去。但是，这并不是要让孩子去接受我们现今所谓的学校教育。现在的学校教育没有经过任何研究和证明，直接就把那些孩子根本无法接受的知识像灌汤一样灌输给孩子，这样的结果是十分可怕的。

所以，为了让孩子可以接受到符合他们智力水平所能接受的知识，让孩子们可以真正学习到知识，我们就需要建立一所新型的学校，帮助孩子进行学习。我的很多教育方法，尤其是针对年龄稍大一些孩子的教育方法，就是依照这样的原则进行设定的。

蒙台梭利教育启示

1. 学习数字的过程不同于学习字母的过程，学习数字的时候，首先要告诉孩子这些数字都是对应着什么具体的实物，这些数字怎么读。

2. 将数字按照由小到大的顺序放在木棒的旁边，并且与这些木棒相互对应。这样经过长时间的练习，孩子就可以对数字有一个清晰认知。

第十三章
教育中的自由与规则

自由和规则是一对亲兄弟,失去了规则,人就永远无法得到真正的自由,在教育中也是如此。

——法国教育家 皮埃尔·顾拜旦

阅读提要

　　在孩子进行学习或者专注于某一件事情的时候,成人不应该干扰,而要帮他们排除干扰,让他们能沉浸其中。

　　孩子顽皮其实正是孩子对世界的认知过程,如果父母无情阻拦,只会引发孩子的反抗。而给孩子充分的自由,让他们朝自己的方向前进,他们会变得安静而有纪律。

　　给孩子自由成长的机会,是每个父母都应该做到的。

第十三章 教育中的自由与规则

通过对儿童之家教育方法的介绍，相信很多读者会觉得这些教育方式是合理而且令人信服的。事实上，在我的教育理念中，更加注重的是教育对孩子内在的影响，而不是教育形式。经过这样的方法对孩子进行教育，很多孩子也确实有了很大的改变和提升。孩子本能的表现证明了我的教育方法的价值，孩子们的表现似乎揭开了人类的内在发展法则。

我的教育方法仅仅是一些很浅显的发现，我希望在我的儿童之家可以开设关于儿童心理研究的专门研究室。这样，我们就会有更多关于孩子心理方面的认知，能更好地帮助孩子进行学习和生活。因为，我们对孩子内心的认识实在很少，尚有很多知识需要我们去了解和探索。

在我的教育方法实施过程中，孩子进行学习或者专注于某一件事情的时候，我们不应该对孩子进行干扰。我们希望孩子可以沉浸在这件事情中，并且帮助他们排除干扰。在这个时候，我们给了孩子充分的空间。

通过这样的教育方式，孩子们表现出了惊人的变化，他们可以让自己专注于一件事情，他们对自己的学习也产生了兴趣，他们的一切都变得很有秩序。他们知道自己在什么场合应该做什么事情，他们有了自发的纪律性，这都是我们的教育方法带来的最显著的成果。

孩子们整个人都发生了变化，他们从内心开始散发出一种自信的感觉。这是我们这种教育方式教导出来的孩子，我们没有像传统学校一样，让孩子墨守成规，强迫孩子不准做什么事情。我们这里的一切都是孩子们自愿遵守的，他们知道自己应该做什么，不应该做什么，并且可以约束自己的行为。

人性本恶还是本善，这一直都是人们争论的焦点。在我的教育理念中，我偏向人性本善，并且有很多人也为我的教育理念进行了论证，他们也赞同我的观点。但是，还有很多人，他们极力推崇人性本恶，认为对孩子的教育不可以太过宽容，应该让他们在成人的管束之下进行学习。

但是，我并不认同这样的观点，对于任何事情，我更喜欢往好的方面去想。我认为不应该把孩子说成是善的或者是恶的，孩子来到这个世界上，他们很多事情都不清楚。每一件事情都有两面性，尤其是面对孩子的事情时，这两者常常被我们混淆。

很多人说孩子是恶的，是因为他们经常看到孩子在 3~6 岁之间，表现极为不乖，甚至是调皮捣蛋。所以，很多家长都认为自己的孩子是恶的，他们的行为是如此恶劣。于是，家长就开始限制孩子的行为，不给孩子自由的空间，避免孩子制造任何让大人头疼的事端。但是，家长你们是否意识到，孩子们的顽皮其实正是孩子对世界的认知过程，孩子们正在受自己内心本能的影响去探知这个世界，这是孩子学习的过程。但是，父母无情的阻拦只会使孩子变得更顽皮和不听话，这是孩子们对父母的反抗。

如果我们的父母真为自己孩子好，就应该给他们充分的自由，让他们朝自己的方向前进。令人惊讶的是，如果我们给孩子他们成长所需要的合适用具，并给他们充分的自由去探索，他们会变得安静，并且没有任何愤怒和反抗的情绪。因为，他们得到了他们想要的。

在这样的学习过程中，孩子们更多的是幸福和快乐，他们会因为自己的成功而兴奋。孩子们会变得温和可亲，也不会给大人惹麻烦，他们也知道怎样控制自己的情绪。这是一个完全不同于我们限制自由的孩子所呈现出的精神风貌。

孩子所表现出的调皮，完全是大人们激起的，这些都是人类为了满足自己生存和发展的需要而对现实所作出的反抗，孩子也是如此。

孩子为了生存必须从大人那里获得他们所需的生活必需品。但是，很多时候孩子经常得不到自己想要的，甚至有时候，他们需要与别人进行比拼，才可以得到自己想要的东西，于是就激发了孩子的反抗情绪。所以，如果我们可以满足孩子生存发展所需的必需品，那么，孩子的态度就会发生转变。他们会满足自己的生活，并且沉浸在自己的兴趣之中，对自己的能力进行扩展。

这个问题可能涉及到神经学问题，那些神经学专家应该对这些问题有很大兴趣，可以从神经学角度出发，研究物质生活条件以及精神生活对人类智力所产生的影响。但是，我需要明确指出的是，物质生活条件对人类智力发展有着极大的影响。如果我们的目标是人类的健康，我们就不能忽略这些特定的法则和必需品。

从这个角度来说，孩子的精神教育不仅仅涉及到学校和老师，也涉及到每一个家长。无论哪一方都对孩子的教育产生了极大的影响，尤其在孩子的心理成长状况方面。

如果我们要清楚地认知这个问题，就应该对这个问题进行深入的研究和探讨。打个比方，当我们走到一个地方看到几个人因为一块面包而相互殴打，我们可能会觉得这些人毫无道德可言。这时，我们走进一个环境宜人的餐厅，这里的人是那么的有序和安静，每一个人都在自己的座位上享用自己的午餐，没有人打闹，也没有人相互辱骂，我们会从心底认为这里的人道德是十分高尚的。这是我们通过表面现象所作出的最直观的判断，但这些仅仅是最表面的，还不足以判断一个人的善与恶。

我们可以给所有的人都提供这样好的餐厅，让他们可以自由享用自己的午餐，这时，我们之前的判断可能就会发生变化。但是，现实生活中，确实有很多人认为，那些富裕国家和民族要比相对贫穷的国家或民族更加有道德，并且更不容易犯错误。可是，我想说，无论这是谁的看法，如果仅仅只是从吃这个方面来判断一个人的道德问题，就已经犯了严重的错误。但是，我们需要承认食物是建立良好品行的基础。因为，食物的满足可以减少人们因为基本生活物资无法满足而造成的良心泯灭。

现在，我们要讨论的是人类精神层面的需求，并不是人类物质层面的简单需求。这里的面包指的是精神层面的面包，因为现在精神层面的需求已经成为决定人类未来走向的关键因素。

在教育领域我们已经取得了令人关注的成绩，现在我们有自己的方法让孩子可以获得心灵的满足感。这些是我们通过不断的研究和实践，积累的经验。这很大程度上要归功于我们在实践中，让孩子们运用的那些教具，让我们知道自由和有序对孩子精神发展的重要性。

这个过程让我们看到孩子自身的组织性和纪律性，这是孩子在自由的空间中学习到的。当我们适当赋予孩子自由，让孩子有自己的空间，他们会在这个过程中自己形成极强的纪律性，这是孩子自身在认真工作的状态下所培养出来的优秀品质，有利于孩子的成长和未来的发展。

有一点我们需要记住，给孩子充分的自由，并不是放任孩子，让他们随心所欲没有任何限制。我们给孩子自由，是在给他们工作和学习任务的前提下，让他们充分显示自己的能力，并不是放任不管。就好比是新生儿，我们如果只是把孩子生出来，而不给孩子喂奶，他就会饿死。儿童也是一样，如果我们仅仅是给了孩子工作，而不附加一些规则。那么，孩子无法在有限的空间中发挥自己的能力，必定会影响他们的成长和发展，那我们给予孩子工作就失去了原本的意义。我们人类社会发展的历史也是这样一个过程，是在工作与自由的结合中不断地前进和发展的。

我们应该尽我们所能为孩子的成长创造条件，给予他们自由和工作，这样，才能真正帮助孩子成长，成为未来社会的栋梁之才。我们做出这样的努力，并不是说就一定可以消除社会中粗鲁、丑陋的一面，而是尽可能避免这些事情的发生，让世界朝着更美好的方向发展。同时，我们也会尽我们的能力消除人们不满的因素，让世界尽可能的和谐。

所以，我希望大家可以共同努力，为美好未来尽自己的一份力。

蒙台梭利教育启示

1. 培养孩子的专注力,孩子的一切都会变得很有秩序,变得有纪律性,知道在什么场合应该做什么事情。

2. 面对孩子的反抗,首先要满足孩子生存发展所需的必需品,这样孩子的态度就会发生转变,也会对自己的能力进行扩展。

第十四章
蒙台梭利核心教学理念的阐释

孩子是独立的个人,父母放下干涉和命令,放下"一切都是为了孩子好"的想法,才能看出孩子最需要什么,并提供相应帮助。

——奥地利教育家 高尔霍夫尔

阅读提要

　　孩子是完全有自主意识和自我认知的个人，在他们成长的过程中，不仅仅需要给予物质上的满足，更需要精神上的支持、心灵上的鼓励与慰藉。

　　父母应该认真对待孩子的每一个问题，关心孩子的成长，并努力让自己进入他们的世界，明白他们的想法。

　　只有给予孩子信心，孩子才能自由发展。

在传统的教育理念中，我们并没有把孩子看作是完全有自主意识和自我认知的个人。他们的意识和想法很少会受到关注，他们只能被动地接受大人为他们安排的一切，而没有任何反抗的余地。在这样的教育模式中，孩子从来没有获得过真正意义上的重视，更没有自己的权利和自由，只有等到他们成长为大人后才有能力决定自己的一切。

我们的教育方法与传统教育方法最大的区别就是，我们认可孩子是一个真正意义上的人，在他们成长的过程中，不仅仅需要给予物质上的满足，更需要精神上的支持。在孩子幼小心灵开始成长的关键时期，我们需要给予孩子心灵上的鼓励和慰藉。因为，照顾孩子不光是照顾孩子的身体、让他们饱暖，没有人可以仅靠面包而生活下去。对于我们大人，也不可能仅仅只靠简单的物质满足来维持自己的生活，孩子们也是如此。如果我们仅仅将孩子的成长限定在物质上的满足，必将会使孩子的心灵无法成长，甚至被物质奴役，产生自卑情绪，丧失尊严。他们的成长，更多的是心理成长，他们需要别人给予他们自由和心灵上的满足感。

在成人社会中，所有的一切都是按照大人的要求设置的，孩子几乎是被排除在这个社会之外的。为了使孩子可以适应这个社会，大人将孩子们送进专门让孩子适应社会的学校中进行学习。遗憾的是，这些学校从来没有以孩子的立场来考虑问题，他们所有的出发点都是建立在学校自身利益的基础之上，这必将成为束缚孩子的牢狱。在这样的教育方式下，孩子们不仅无法学习到有用的知识，反而思想越来越偏激，越来越叛逆。孩子们不仅身体受到了伤害，精神世界也非常痛苦。当今教育的最大问题就是，根本不关注孩子的性格发展。

在家庭教育方面也出现了同样的错误。很多家长都只关心孩子生理上的需求，并尽可能地让孩子身体健康成长，非常在意孩子是不是吃得好，穿得好，是否在干净整洁的环境下成长。在他们看来，孩子还没有发育完全，物质上的满足就已经达到了他们所有的要求。这些父母更多在乎的是孩子将来会成为什么样，而没有考虑孩子现在如何。

事实上，身体健康只是孩子能够健康成长的一部分，另外一部分十分重要却最容易让人忽视的就是精神的健全。很多大人认为孩子没有自己的精神需求，有的只是无理取闹。可是，孩子为什么要无理取闹，因为孩子最基本的精神需求被大人剥夺了，他们只能通过哭泣、闹脾气、扔东西等行为来发泄自己内心的不满和愤怒。这些都是孩子对成人行为的不满而表示的反抗，可是很多家长却认为这是无理取闹，很少对孩子的这些行为予以理会。很多家长不但不对孩子进行安慰，反而认为只有体罚才能使孩子改掉这些毛病。所以，我们应该对孩子的成长予以重视。在孩子的成长过程中，精神上的缺失对孩子成长造成的影响并不亚于身体上的疾病。而且，这些影响会伴随孩子的一生。无论是家长还是老师，我都希望可以更多地关注孩子精神上的问题，重视对孩子的早期教育。

因此，我们深感责任重大，十分谨慎地了解并消除可能对孩子精神产生伤害的所有因素，并尽可能地融入孩子的世界，明白他们的想法。成人的世界中总是有很多的规则和要求，孩子们无法满足这些要求，总是有犯不完的错。很多家长就习惯于用最严厉的语言批评孩子所犯的错误。我希望家长可以以一种更加温和的角色进入孩子的世界，不要动不动就说孩子的不是，我们尝试用旁观者的姿态注视孩子，给孩子充分的自由，可能会有不一样的感受。美国文豪爱默生说过："童年是永恒的救世主，一再地回到堕落者的身边，祈求把他拉回天堂。"如果我们可以真正认识到儿童教育的重要性，就能为人类的福祉做出更大的贡献。

如果一个孩子长期生活在家长的权威之下，并且不断受到各种控制和干扰，是无法正常发展的。在这种情形下，孩子在萌芽过程中充满的生命力量将消失殆尽，意志也被彻底消磨。孩子需要的是自由而不是权威和命令，如果一个孩子长期受到这样的压制，他的心里只会剩下一个念头：赶快结束这一切，离开这里，寻找自己的自由世界。

所以家长们，请改变自己以前的作风，不要在孩子的世界中再次扮演领导者和权威者的角色。请为孩子准备一个有充分自由和空间的环境，让孩子可以自由呼吸，自由做出自己的决断。然而，要想给孩子提供这样的环境，让孩子享受充分的自由，对老师也提出了很高的要求。我们要清楚一个基本原则：给孩子自由，并不表示对孩子放任自流，或是对孩子不闻不问、任其发展。在孩子遇到困难时，我们应该给予孩子帮助而不只是被动地冷淡关怀，要用充满细心和爱心的关注，来鼓励孩子进行自我发展。为孩子提供适应其成长需求的环境是一项非常严肃的工作，我们需要付出自己的真心，为孩子创造一个属于他们自己的童年世界。

当我们为他们提供适合的成长环境之后，你会发现孩子的活动发生了出乎意料的转变。他们的做法不再像之前那么鲁莽，他们开始变得有序和安静，并且每一件事情都变得很正常，不再是原来的小捣蛋和小调皮。因为，我们按照孩子的身材比例制定了适合他们的家具，在这样的环境中，一切都是符合孩子尺寸的，他们可以很好地掌握这些东西，也知道自己应该怎么做。孩子正处于成长阶段，对他们来说想活动的意愿远强于想吃东西的意愿。在之前的环境中，所有的一切都是按照大人的比例设计的，孩子只能被动地接受这些东西，环境中的一切都是他们无法操作的，结果就是孩子们做得乱七八糟。因为每一个孩子都有充沛的体力和活力，但是，他们没有合适的环境进行发泄，只能对周围的一切进行破坏，并以此来消磨自己的体力和能量。

作为家长，如果你有足够的耐心，为孩子设计一个适合自己的环境，让孩子从一个破坏专家变成一个爱心专家，这难道不是非常棒吗？孩子从一个小坏蛋，变成了一个对周围的一切都充满爱的好孩子，这是我们的目的。

  现在，市场上有很多专门为孩子设计的小家具，这些小家具的颜色十分淡雅，并且轻便易移。这些家具也不会对孩子们造成任何伤害，如果孩子们不小心撞上去，这些家具就会自己倒下，孩子不容易受伤。另外，这些家具都是浅色系的，如果孩子将这些家具弄脏了，就会很容易看出来，孩子就知道应该把它们清洗干净。这样也可以锻炼孩子清洗物品的能力，让孩子对周围的事物养成爱惜的好习惯。同时，这些家具的底部装有铁制品，任何轻微的移动都会使这些小家具发出刺耳的声音。这样，为了不让小家具发出这种不悦耳的声音，孩子渐渐学会了控制自己的肢体动作。还有一些小的瓷器，也可以帮助孩子注意自己的行为，因为这些都属于易碎品，孩子必须轻拿轻放，否则，很容易把这些物品弄碎。如果这些东西不小心掉在地上，孩子看到自己心爱的东西被毁掉了，他们的心里会非常伤心和难过，也会埋怨自己不小心。所以，他们会更加注意自己的行为，不让自己出错。

  当孩子犯了小错误的时候，家长或者老师不要急于走上前，在旁边静静地观察就可以。因为事情本身就是对孩子最好的教育。为了不再失去心爱的东西，下一次再拿同样的东西的时候，孩子就会格外小心。慢慢地，他们似乎能听到这些瓷器在对他们说话，他们知道了每一个瓷器都是在其他人的努力工作下才形成的，应该要小心对待它们。

  其实，环境本身和物品的设计美感也可以激发孩子对它们的爱护和珍惜。就比如说抹布、刷子和香皂，这些都是平常的日常用品，如果我们将这些用品都换成孩子们喜欢的图案或者形状就可以增加这些用品的利用率。比如抹布，如果换成色彩丰富的，孩子自然愿意拿起来擦桌子；同样，看到颜色亮丽的刷子，孩子就会想拿起来刷衣服；对于香皂，我们也可以换成各种各样卡通图案的香皂，当你摆上这些香皂的时候，孩子们会抢着去洗手间洗手，也不需要家长的督促。

这样，无论孩子要干什么，都会有一个漂亮、可爱的东西吸引他去做这件事情，也不需要家长或者老师不停地督促孩子去做这个或者那个。渐渐地，孩子开始养成自己独立的性格，他们会自己做很多事情，知道自己怎么穿衣服、自己吃饭以及自己洗漱，这些都是在合适的环境中，孩子们自己养成的好习惯。

在这样的工作和学习中，孩子们会养成良好的工作习惯，并且会认真对待每一件事情。如果你让他们擦门把，他们会很认真地不停擦拭，直到他们认为这个门把已经非常干净的时候，他们才会停止。如果你让他们扫地，他们可以拿着扫把将地上扫得干干净净。显然，鼓舞孩子的并非工作的完成，而是工作可以让他们运用潜藏的精力。除非他们没有精力，否则，他们会一直做下去直到把自己的精力耗尽。所以，对于孩子可以在一件事情上坚持多长时间，关键在于孩子们有多少精力。如果孩子精力充沛，他们可以坚持很久地做一件事情。

孩子们并不是一出生就喜欢做这些重复的事情，这些都是孩子后天养成的。经过反复的练习，很多孩子都可以独立完成力所能及的事情。我曾经见过一群年龄很小的孩子，他们的自理能力非常强，可以自己穿衣服、自己吃饭、自己洗漱。而且，他们不仅自己学会了做这些事情，还会用自己的精力去帮助别人。在看到别的孩子有困难的时候，他们也会伸手相助。我看过一个孩子帮另一个孩子戴上围兜，还有一个孩子把汤洒了一地，另外一个年龄稍大点的孩子，帮助他把汤汁清理干净。这些都是孩子们在这样的环境中学习到的，他们不仅自己开始独立，也开始学会帮助他人。

渐渐地，孩子们养成了良好的习惯，他们在洗碗的时候，会把自己看见的脏碗也一起洗掉；他们在摆自己的碗和筷子的时候，也会帮别的小朋友摆放一下碗和筷子。他们十分愿意帮助别人，也十分开心。他们不需要奖励，这些都是他们力所能及的事情。对于一个热心肠的孩子来说，帮助别人做事情本身就成为了一种奖励。一天，一个小女孩安静地坐在摆满热汤的桌子前面，神情忧郁。我上前询问得知，原来是有人答应要让她帮忙摆碗筷的，可是那人却忘记了。所以她很失落，连汤也喝不下。她那受伤的小小心灵，竟让她连饿着肚子都一点儿不在意。

孩子能够自己做事情，那么他们的外在社会行为也会得到发展。他们非常清楚自己的目标，并且能够轻易达到。让孩子处在一个能够凭自己的能力完成活动的环境里，我们就给了孩子达成自己设定目标的自由。

我们的所有活动都是按照孩子自身兴趣设定的，因为只有以兴趣为出发点的事情，才能让孩子维持长久。我们强迫孩子做的事情，很快就会使他们失去耐心。对于兴趣只是做事情的基础，也可以称之为开端，只有为孩子设定明确的目标，孩子才会朝着这个方向努力下去。就好像，孩子有时候会经常洗手，并不是说孩子手脏，而是因为孩子一看见手，就想起自己曾经做过的和手相关的事情，例如洗手、擦手等过程。还有一些其他活动，扫地、铺床单、插花、倒垃圾、摆碗筷等工作，都是与手相关的工作。这些家务活动，虽然看似很简单，但是，做过家务的人都应该了解，这些家务在做的过程中，需要耗费大量的精力和时间，需要非常认真才可以完成。现在很多人都在提倡运动，希望通过运动让身体能够更健康，其实他们忽略了家务这项虽然不是一般机械运动，但可以达到很好锻炼效果的合理工作。

来我们学校参观的人，都十分好奇，不明白为什么孩子特别喜欢做这些家务活动。我想说的是，家务活动仅仅是孩子教育中非常渺小的一个环节，只是孩子童年生活的一个开头。对于孩子的教育，我们还有很多工作需要去做。

大家一定都知道，很多著名的思想家和科学家，都经常会让自己专注于沉思，而忽略了其他事情。比如说牛顿，牛顿在思考问题的时候，经常会忘记吃饭，忘记饥饿。还有阿基米德因为沉醉于数学计算的思考当中，竟然连西拉克斯市被征服沦陷都没干扰到他，当敌人出现在自己面前的时候，他才吓了一大跳。这些名人轶事都说明了，专注是比思考还重要的一种特质。只拥有丰富的知识，却没有专注于工作的能力，是发明不了任何东西的。

第十四章 蒙台梭利核心教学理念的阐释

孩子是社会中的一员，他们会让自己的行为尽可能与周边的人一致，做相同的事情。但孩子也有个别的内在需求，当他们沉浸在自己的工作中时，他们会全心全意专注其中，并且和周围的一切人与事物完全隔离开来。孩子就在这个被独立出来的秘密世界中找到了亲密的孤独，这是一种独特的体验，只能他们自己去感受。如果他们受到了干扰，这种感觉和体验就会遭到破坏。我们从外在世界获得的思想，必须依靠内在精神的培养，这是周围环境没办法影响到我们的，我们只得安心独处。

许多伟大的人能够在工作时沉浸其中，思考入定，正是他们拥有了一种强大的内在的精神力量。我们同时发现，内在精神世界和我们的外在劳作有着莫大的关联性，二者相互影响、相互制约。我们日常生活中的工作和学习需要我们内部的神经系统进行运作，而且对于精神世界的发展，也需要结合外部的环境和工作。同时，在我们进行体能消耗的过程中，我们内在的精神世界也在为其进行能量的支持和补充。一个人的精神需求是非常重要的，就像吃饭、睡觉一样重要。我们在满足每一个人物质需求的同时，也应该满足人们的精神需求，只有这样我们才能真正满足一个人从内到外的整体需求。

现在，我们在孩子身上发现了这种专注的能力，显然这种能力并非只有伟大的人物才能具有。我们每一个人都具有这种能力，只不过那些伟大的人物，将这些上天赋予的能力延续到了成年阶段，而我们这些人却在成长的过程中遗失了这种能力。

我们应该对孩子专注认真的能力加以重视，让孩子可以保持这种状态，并且不断增强这种能力。所以我们不能只讨论一些所谓有用的工作，很多可能对我们来说没有任何用处的东西，可能会激发孩子的无限热情，他们会用所能想到的所有方法来进行操作。刚开始，孩子的操作可能不太有条理，他们常常会把刚才玩的东西弄乱，然后又重新玩起来。他们一次又一次地重复这样的玩法，虽然看起来好像玩得不是很起劲，但其实我们正见证着一个极为特别的现象。当我第一次看见这样的现象的时候，觉得十分诧异。因为，据科学显示，孩子们在小的时候，是不可能长时间专注于一件事情的。很多心理专家也都这么认为，孩子是没有能力让自己长时间处于一件事情之中。但是，当这件事情真的发生在我面前的时候，我惊呆了，所有的理论都不如我所看到的更显真实。

当时一个4岁的小姑娘，她正在玩一个在我看来十分无聊的游戏，就是将圆柱体一个接一个地放进那个凹进去的洞中。她一个又一个地放着，当她把所有这些物体都放进洞中的时候，她又把这些圆柱体全部倒出来，然后重复刚才的动作。这时候，我在旁边给其他的孩子讲故事，但是，小姑娘似乎根本没有意识到我的存在。我一边讲故事，一边注视着这个小女孩，当我看到小女孩已经玩到第14遍的时候，我开始给孩子们弹钢琴，让孩子跟着我的节奏唱歌。尽管旁边如此嘈杂，但是，小女孩还是认真地进行着那项游戏，完全没有意识到周围的孩子在干什么。她一个人沉浸在自己的世界中，就在这个时候，我突然看见小女孩站了起来，她的表情是那样的兴奋和满足，她十分开心，脸上露出灿烂的笑容。这个小女孩让我相信，孩子也是可以专注于自己的注意力的。我开始注意儿童之家的孩子，我看到他们有时会长时间进行一项活动或者游戏，在完结之后，他们会显得十分开心和快乐。

这让我感觉孩子的内心深处似乎有一种能量，激发孩子去前进以及进步。在孩子不断前进的过程中，孩子会变得温和可亲，他们会让自己尽可能变得乖巧、懂事。有时候，他们还会跑到老师身边，小声地告诉老师："我是一个好孩子哦！"就好像要人相信一个天大的秘密。

所以，当孩子对一个东西着迷的时候，我们不要打断他们，他们可能会将这些东西弄得非常混乱，没有任何条理。但是，他们会让自己沉浸其中，并且表现得十分专注。可能我们会觉得十分无聊，没有任何意义，但是，孩子却在这个过程中不断成长和发展。

这些发现，虽然很多教育家或者学者都曾经提及或者肯定过。但是，这对我来说特别有用，我需要重申这些发现。因为，孩子身上每一个细微的发现，对教育来说都是十分重要的，只有这样，才可以真正解决现代教育所遇到的问题。这可能就是孩子教育的关键所在，会对孩子的性格、精神等各个方面都产生重要的影响。因此，我开始进行一些专门的实验，我为孩子寻找一些可以让他们专注的教具，并精心布置了一个能够帮助孩子专注工作的最佳外在环境。

所有的教育方法都应该秉持一个同样的原则：尽一切可能抓住孩子专注的时刻，让孩子进行读、写、阅读的学习，之后再更进一步用于语法、算术、外语等其他科目的学习。很多专家也都认同，让孩子们学习的最有效的方法，就是要保持孩子高度的兴趣和强烈持久的注意力。借由这种内在的力量让孩子进行自我学习，将会有意想不到的收获。可是，这可能做到吗？答案是肯定的，而且是必须的。为了培养孩子的专注力，我们要慢慢地激发孩子的注意力。刚开始时，最好选择易辨识的，而且能够吸引孩子感官注意的物件，例如大小不同、颜色各异的各种圆柱体，发出不同声音的乐钟或者其他感知训练教具等。当孩子注意力培养起来之后，我们再开始进行字母、写字、阅读、算术等比较复杂的练习，孩子的知识正是通过这种渐进的方式递增累加的。

在儿童之家，老师也需要克服很多困难，尤其是对新老师来说。我们应该知道老师的重要性，孩子学习的成功与失败很大程度上都取决于老师。对于一个新老师，在传统教育多年的熏陶之下，很难适应儿童之家的教育理念。他们必须要在孩子学习的过程中克制自己，不要进行没有必要的教学，就算是最开始的阶段也不能教孩子。所有的老师都必须将自己的身份放在辅助的位置之上，不能随便打扰孩子学习的过程，并且应该给予孩子充分的自由和信心，更不能在学生面前显示自己的博学。我们需要给孩子自学的空间，让孩子自己进行学习，这是每一个老师必须遵守的原则。对于老师，他们的工作就是要给适龄的孩子准备适当的教具，并引导孩子学习日常生活工作。老师必须认真观察孩子的一举一动，知道哪个孩子的发展方向对了，哪个孩子出现了错误，并且冷静沉着地面对，静静守候在孩子身边。当他们需要帮助的时候，随时给予爱和信心。

　　作为一个老师，是需要有献身精神的。需要有明确的目标，老师是为了祖国的未来更好地成长，而奉献自己的。他们需要用自己的生命去爱护这些花朵，让孩子在呵护中成长。如果我们忽视孩子心灵上的成长，那么，孩子将失去活力，他们的生命之火也将因此熄灭，从此暗淡无光。

蒙台梭利教育启示

　　1. 在孩子的成长过程中，他们会做出一些看似无理取闹的行为，这是因为孩子最基本的精神需求被大人剥夺了，父母一定要理解孩子内心的不满和愤怒。

　　2. 要尽一切可能抓住孩子专注的时刻，让孩子进行学习，同时要保持孩子的注意力，他们就可以学到要学的知识了。

第十五章
蒙台梭利学校对老师的要求

人人都说小孩小,谁知人小心不小。你若小看小孩子,便比小孩还要小。

——中国教育家 陶行知

阅读提要

在教育孩子时，老师要对孩子有信心，不要将孩子看成什么都不懂的人。要相信，每一个孩子都有自己的关注点，并最终展现自己的能力。

做到这点，需要进行三步：一要做好领导者的工作，二要帮助孩子进入学习状态，三要利用平时生活中的事情让孩子产生专注点和注意力。

记住，老师多点耐心和信心，能让孩子成为最好的自己。

第十五章 蒙台梭利学校对老师的要求

很多人对蒙台梭利老师的评价并不是非常客观,他们认为儿童之家的老师非常悠闲,他们只需要避免打扰孩子,并让孩子自由活动就可以了。事实上,这只是你看见的很小一部分的情况,还有很多工作是你们没有看见的。每天老师都要根据每一个学生的情况,安排教学的内容以及教具的使用细节,这些都是老师的工作范畴。

当然,这并不是说儿童之家的老师较被动,传统老师较主动。当孩子要进行某项练习时,老师事先要花很多时间和精力去做准备。当孩子进行练习时,老师的悠闲正是其教学成功的体现,这表明教学正在顺利展开。有些老师的班级带到一定阶段后,可以做到不管老师在不在课堂教学都能照常进行,此时这些班级就可以独立自主了。这无疑是成功的典范,是非常不容易做到的,这个过程需要老师付出巨大的努力才可能实现。

一般学校的老师想要成为儿童之家的老师是很难的。因为,在这个过程中,老师先要接受培训,抛弃所有原有教育偏见,并重新灌输新的教育思想。第一步就是想象力的准备,老师对孩子要有一定的信心,不要将孩子看成什么都不懂的孩子。即使是行为非常幼稚的孩子出现在你面前,也不能将其看成孩子,要对他充满耐心和信心。同时,要深信每一个孩子都有自己的兴趣点,都可以寻找到自己的关注点。相信孩子一定会找到自己的专注内容,并最终展现自己的能力。

这个发展过程可以分为三个阶段:

第一个阶段,老师是这个教室中学习环境的管理者和维护者,他们只需专心做好这两个方面的工作就可以。不需要担心孩子会遇到困难或者难题，因为孩子自己具备解决困难的能力。教学过程中对孩子最重要的是教具，所以老师必须保证所有的教具保持美观、明亮、完好无缺，带给孩子新鲜感，并且配件要齐全，保证孩子第二天可以正常使用这些教具。同时，老师自身也是孩子学习过程中的重要的教学资源，需要时刻保持自身的活力以及亲和力，要注意自己的言行举止，最好年轻积极、衣着得体，还要保持愉快心情，态度亲切优雅。当然，这是理想的标准，要时时刻刻保持完美形象是非常不容易的。但最低限度是，老师要让自己时刻保持认真，同时不可以小看每一个学生，要对孩子充满信心和希望。对于老师，应该尽可能注意自己的一言一行，让孩子从内心对自己产生尊敬感，就如同对自己的父母一样爱戴。

  第二个阶段，老师要更加关注那些无法专心学习的孩子，积极帮助这些孩子进入学习的状态。对于这些孩子，老师应该尝试用不同方式和教具，对他们进行训练，试图寻找他们的兴趣点。同时，可以给他们安排一些他们虽不喜欢也不讨厌的工作，这样可以结束他们的游荡，让他们安定下来。尽管刚开始的时候，他们并不乐意，但是，这对他们的成长是有好处的。对于那些经常扰乱别人的孩子，先要阻止他们的行为，然后给他们布置一些任务，只要让他们不再打扰别人即可，不必要求他完成整个练习。

  第三个阶段，我们可以先通过一些平时生活中的事情，让孩子产生兴趣。这个时候老师不应该对孩子进行任何指导，只要在一旁观看就可以。有时候，老师经过一个以前非常捣乱的孩子旁边的时候，看到他在很认真地干一件事情。于是，忍不住对其进行夸奖，可能仅仅是一句话，就使得孩子再也不想进行这项工作了。还有时候，孩子在实际操作中遇到困难，老师也不需要直接告诉他如何解决问题，老师要做的就是相信孩子可以自己解决这件事情。因为重点是让孩子学会自己克服困难，而不是完成工作而已。老师不要总是注意着孩子的动作，这样也会让孩子感到极不自然。当一个孩子拿着很重的东西，他可能很满足，但是，老师的一个眼光，可能就会消磨孩子的意志。

所以，老师应该是一个可以被忽视的旁观者，不要让专注于工作的孩子们注意到老师的存在。有时，孩子们可能为一件东西发生争执，这时老师也不要出面，应该相信孩子自己可以解决矛盾。除非，他们要求老师出面帮助他们解决问题。当孩子们都已经学会这些旧的工作和知识的时候，老师就应该介绍新的工作，这是老师的职责。如果孩子们拿着自己做出的成果希望得到老师的夸奖，这时候，老师一定要真诚地、发自内心地称赞孩子，与孩子一同感受成功的喜悦。

这就是老师应该做到的三个关键要素。但是，我们也应该知道儿童之家的老师并不是孩子的贴身仆人，要帮他洗衣、穿衣、喂饭，孩子所有生活中的事情都应该由他们自己完成。老师要帮助孩子们学会自己行动、自己做决定、自己思考，这样孩子才能意识到自己的地位。孩子们做到了独立自主，就是对老师工作付出的极大认可。老师会因此而感到由衷的快乐和幸福，对孩子们也更有信心了。这才是一个孩子应有的本来面貌，一个热爱生活、全心全意的工作者，会同情弱者，懂得帮助他人。

对于儿童之家的老师，必须能够了解孩子的内心，不只是对孩子表面的认识。要去了解孩子的秘密，从而对孩子产生深层次的爱。这种爱不同于表象的爱，是孩子内心精神层面得到的爱的关怀。当孩子的内心得到快乐的时候，老师也会因此感到无比的幸福和快乐。不同于传统学校的老师，他们的快乐更多的是来自薪水的增加以及职位的上升。但是，"儿童之家"的老师，他们的快乐来自孩子，孩子精神上的提升以及智力上的发展都会使他们感到无比的幸福与快乐。

新型教师

　　蒙台梭利教育体系的基本原则，就是利用各种教具开发孩子的感知，唤醒孩子的安全感。但这些教具能产生的效果并不是绝对的，它们能对孩子产生多大的影响完全取决于老师以什么样的方式将这些教具呈现在孩子面前。所以，一个合格的蒙台梭利老师需要懂得选用最有成效的方法，让孩子对这些教具产生兴趣。尽管老师本身和教具呈现的方式，也对孩子的学习效果有决定作用。下面，我们讨论一下如何在学生面前进行教具的展示，什么方法能够吸引孩子的注意力和兴趣，这些都是我们研究和探讨的关键点。

　　对蒙台梭利教学法进行过研究的人会发现，这种教学法和传统学校的教学模式有着鲜明的差异性。蒙台梭利教学法中，活动的主要部分由孩子主导，这一点颠覆了传统教育观念中教育主导者的认知。在传统的教育模式中，老师始终是居于教育主导地位的人。

　　在儿童之家里，孩子到达一定的年龄之后，便开始自己有选择地进行活动和练习，这完全是在孩子自己的意愿之下进行的，老师不会参与到他们的练习和活动之中去。老师只是给孩子们提供不同阶段学习所需要的教具，并且给孩子们示范每一种教具的用途，这就是老师的职责。当老师完成这些工作之后，剩下的所有学习的过程都将由孩子自己完成。这就是蒙台梭利教育法的教学理念：引导、开发孩子自身潜藏的能量，而非一味地把知识灌输给孩子。

　　很多人问我，将教具展现在孩子面前，然后用鼓励的方式引导孩子就可以了吗？当然不是。老师不仅仅要将这些教具呈现在孩子面前，他们还需要告诉孩子这些教具怎么操作，这才是关键所在。孩子们对很多教具并不能熟练地进行操作，老师需要随时做好示范教具的准备，并且要一遍又一遍地进行示范。因为孩子对身边的这些教具并不是太在意，即使注意到了也可能猜不到这些东西的正确用法。以吃西餐为例，吃西餐的时候，我们需要用到刀和叉子，并且要懂得如何使用这些餐具。对于西方人来说，这非常容易，因为他们每一顿饭都会用到这些东西。但是，对于第一次吃西餐的东方人来说，是非常困难的一件事情，他不知道这些刀具如何使用，更不知道怎么用它们吃饭。

因此，在蒙台梭利的教学理念中，不断示范是非常重要的一点。老师们要时时刻刻准备为孩子们进行演示，如方形积木，老师要告诉孩子们积木是一点一点从低到高依次叠加的，然后再将积木拆除，反复进行这个游戏。还有圆柱体，教孩子将这些圆柱体依次放入那些嵌孔中，然后，再将这些圆柱体拿出来依次排开，并反复进行这些练习。对于这种教学方法，很多人都不理解，他们认为上课还是应该老师在讲台上讲，然后学生在下面听。但是，我认为蒙台梭利教学法这种不用任何语言对孩子进行教育的方式，才算是真正的教学。不需要语言，孩子亲眼看到了老师如何做事情，包括如何操作教具，怎样拿盘子才不会打碎，怎样才能做出轻巧的动作等，从而真正明白了自己应该怎么做，怎样才可以做好，才可以让自己的行为更加符合要求。

还有静默本身也是我们的一项教学。通过静默练习，我们教导孩子安静地坐着，并且要习惯在有人轻声叫唤他之前都要保持安坐的姿势。老师还要尽可能让孩子学会集中自己的注意力，学会控制自己的身体动作。老师对孩子的肯定和鼓励也不是通过语言，而是靠沉着的神态和赞许的眼神，这是蒙台梭利教学理念对老师的要求。静默练习可以说是蒙台梭利教学法的一个特色，我们对孩子进行的每一项教学，都采用这样的方法，即使是那些人们认为不通过言语解释就无法理解的练习项目也不例外。

蒙台梭利教育方式的不同之处在于，老师并不是孩子的教育者，周围的环境才是孩子的教导者。让孩子可以和周围的环境进行互动，并且示范给孩子如何使用各种教具，这就是老师的工作。在其他教育体系中，如果采用这样的方法，我相信学校很快就会乱成一锅粥，并且会一直听见老师撕心裂肺的呐喊。在这样的环境中，让孩子学习，实在非常困难。我们不相信光是嘴上说，或者用采取命令的方式进行的教育就能收到良好的教育成效。儿童之家的教学，是给孩子充分的自由，以适当的方式，在孩子几乎无法察觉的状态下，引导他们进行自我学习和成长。这种教学方法的关键就在于，学生可以根据自己的意愿选择自己想要学习的课程和工作，并且学会专注和安静的学习态度。

　　服从命令的前提是孩子拥有独立完整的人格。也就是说当孩子们已经具备一定的知识能力，或者已经可以做到我们对孩子所进行命令的内容，可以接受这些信息的时候，我们才可以对孩子进行命令。就像教钢琴的老师，一直要求孩子们的手应该摆出正确的姿势，可是，老师从来没有教过孩子们什么姿势才是正确的。这样下去，就算钢琴老师不停地发出命令和要求，学生也不可能达到老师的要求。所以，每一个老师对学生发出一项指令，都必须从孩子的实际能力出发，了解孩子目前的心智发展状况以及实际能力。否则，他根本无法完成你对他的指令。当孩子的能力发展到一定阶段时，他会非常认真地执行你的命令。因此，所有的话语指导都应放在教学的后期，在孩子心智达到一定成熟度后才进行。当然，语言也需要教，但是以孩子需要的词汇及他使用词汇方法的教导为主。

　　一些没有经验或者是新来的老师常会把教学的重点放在"教"上面。他们认为只要用正确的方式去向孩子示范如何操作教具就完成了老师的工作职责。这并不正确，因为一个老师的职责要远远大于这些。老师还需要时刻观察自己班级孩子的一举一动，了解他们的精神发展和需求，并且帮助他们激发自己内在的能力。这对于老师和学生来说，都是十分关键和重要的。

　　想做好一个新型教师，是非常不容易的。在这里，我只能试着把所有对老师有益的教学原则都写下来。首先，一个新时代的老师，一定要能够分辨出孩子注意力的所在。如果你看见一个孩子正在非常专心地做一件事情，那么，请你不要打扰他，此时的他既不需要你的纠正也不需要你的赞美。可是，很少有老师可以明白这个原则，甚至还有一些误解。因为很多老师在实际操作中，他们就是将这些教具发给学生，然后自己什么事情都不管了，不管发生了什么事情也都不关心。这样只会造成一个结果，那就是孩子吵闹捣乱，毫无课堂秩序。这些老师完全没有明白我的意思，我的不干涉并不是在孩子教育初期，是在孩子心智发展到一定阶段才可以进行。换言之，就是指孩子必须具备一定的自我专注能力，能够专注、沉浸在某件事情当中。可是，当孩子还没有这种能力的时候，老师必须对这些孩子进行管教，否则，整个班级就会十分混乱，没有任何秩序可言，更加不利于孩子培养自己的专注能力。

　　我曾经路过一个班级，发现这个班级非常混乱，没有任何秩序，而且孩子们操作教具的过程也是完全错误的。可是，老师却像一尊雕塑，站在那里一动也不动。看到这样的状况，我走了进去，对这个老师说："这有意义吗？你还不如让孩子们在外面的空地上，痛痛快快地玩耍呢？"他便走到一个捣乱的孩子身边悄悄地说话，我很好奇，便问他："你在干什么？"他回答我："我小声说话，才不会打扰到他啊！"这位老师犯了一个非常严重的错误，他无法建立良好的秩序，又不敢去干扰孩子的失控状态。

　　一个老师曾经问过我这样一个问题："你曾经对我们说过，对于孩子们我们应该给予他们科学家或艺术家般的尊敬，不要轻易打断他们的工作。可是，为什么你又告诉我们，当孩子把教具当玩具玩耍而不是用来操作的时候，又要及时阻止他们呢？"我是这么对这位老师说的："我对孩子专注于智能活动的尊重，就像尊重一位艺术家的灵感巧思一样。如果你有一位朋友是艺术家，你去他的家中找他，发现他正在抽烟、聊天，你难道不会上前和他打招呼？这时，你害怕你会破坏他的灵感吗？但如果他正在专注于他的工作，那我就要静静地待在一旁，直到他完成工作。对待孩子也是一样的。"蒙台梭利教学法里说的尊重，绝不是连孩子的缺失和胡闹都一并包容，当他的行为发生错误的时候，我们应该给他们指出来。艺术家也如此，我们可能会给他们建议，让他们去外面享受一下自然，因为这时他们没有在沉思。

我们这里的尊重遵循着一些基本的原则：能觉察出每一个孩子体能上的个体差异；鼓励孩子发展对其身心有益的活动，当孩子正在进行不好的事情的时候，要及时进行制止，不要让他们继续下去，因为这些事情对孩子们的身心发展不仅没有任何贡献，反而不利于其本身的成长和发展。不只老师要记住这些原则，所有的家长都应该记住这些原则。

老师对孩子进行指导，可以有很多方法，传统的老师必然会对孩子进行命令或者不停地进行提醒。但是，一位真正懂得教学之道的好教师，会有更好的方法对孩子进行指导和帮助。他们会认真并持续地观察孩子的一举一动，时刻留心孩子的各种状况，科学谨慎地安排教学顺序和学习环境。和严厉的命令相比，这个办法能够更好地帮助孩子进行学习，但是，这项工作要付出更多的努力，才可以实现。对孩子学习环境的布置，是老师关注的重要事情。不仅教室的环境要让人感觉十分舒适，让孩子有回家的感觉，老师对孩子的每一个动作都要关心和留意。只有这样，老师才会对自己的班级有一个清晰的认知，才会了解每一个学生的状况。学生未来的发展状况和前程，很大程度上都依赖于老师对孩子的教育以及帮助，只有真正这样做的老师，才能收获令人满意的教学效果。

一个非常小的失误都有可能造成很严重的后果。假装在一个刚刚装修好的房子里，所有的一切都是崭新的，没有受过任何污染。但是，新来的房客把洗脸盆拿来装煤炭，他们因此没有办法用洗脸盆梳洗，房子里的家具也会因此脏乱不堪。因为他的失误，使整个房子都发生了变化。这个人不懂得如何合理使用现代的工具这样一个小错误，造成了他们只得生活在脏乱环境中的严重后果。

在教学过程中，如果老师严格按照蒙台梭利教学法的要求进行教学实践，必然会收到良好的成效。所以，蒙台梭利教师教学的重点，就在于是否从内心接受以及懂得蒙台梭利的教学要求和方法。一旦认同了蒙台梭利的教育法，就能从中发现一些克服教学困难的方法和心得，只要掌握了就能达到极佳的教学效果。虽说这些都是生活中遇到的小困难和小挫折，也并不是说懂得这些知识就可以让人变得完美。只是在经历这些挫折的过程中，克服困难的满足感可以给我们振奋的力量，从而激励我们不断前进。可以让我们的孩子变得更加坚强、更加独立，让他们拥有更大的勇气面对以后的人生。

一个真正合格的老师，能够做到帮助孩子摆脱自己的缺点，但又不让孩子察觉到自己的不足。

蒙台梭利教育启示

1. 当老师对孩子提出要求时，要了解孩子目前的心智发展状况以及实际能力，从孩子的实际能力出发。

2. 老师要密切关注孩子，当孩子正在进行不好的事情的时候，要及时制止，不要让他们继续下去，那会不利于其本身的成长和发展。

第十六章
在教育前先学会正确观察孩子

一切真理都是从观察中得来的,对孩子的教育,也应该先学会观察。

——英国教育家 托马斯·阿诺德

阅读提要

每个孩子心理发展的情况都是不同的,我们有必要让孩子知道自己心理发展的方式,这是对孩子自由的尊重。

成人在观察孩子的过程中感受到了孩子的秘密,就会为此而兴奋,更关注所观察的对象。在观察的同时,成人自己的品格也得到了很大提升。

在观察孩子的同时,教师也要过好自己的生活,这才是最真实的社会生活。

第十六章 在教育前先学会正确观察孩子

一直以来很多科学家都把儿童心理的发展看作是自然现象和实验反应的一种可能，所以，学校就成为了研究儿童心理发展最主要的实验室。也许不久的将来，学校可能就会成为最大、最主要的儿童心理研究的基地。因此，我们要抓好学校建设。完善和准备这样的新学校，一方面能让孩子得到更好的教育，形成更好的教育方法；另一方面也为新兴科学的产生与发展做好了准备。

让儿童自然地在学校里成长发展，他们才能生活在最科学的实验室里。但是，要想在这样的实验室里成功地研究儿童的发展，就必须借助各种组织的帮忙。这些组织的作用是为研究提供最合适的工具和材料。就像学习自然科学的学生，他们的实验室需要有一个直接为观察所需要的物品进行准备的组织一样。比如想观察一个细胞的活动，就必须准备好凹形的玻璃片，玻璃片中间还要有一个能盛水的小孔。除此之外，要想让所观察的细胞成长，就必须配好各种浸泡活细胞的淡溶液，从而保持细胞持续的活力。当然，培养细胞的土壤也是不可缺少的。这些东西都是需要专人来准备的，我们把这些人称之为"准备者"。他们不是我们理解的助理或助手一类的人，准确地说应该是高级的服务人员或工作人员。通常这些准备者都是比较专业的研究生，他们本身就对这方面的知识了如指掌，也正是因为如此，在工作的时候才能更准确、更细致。"准备者"对人类的研究工作起着很大的作用，他们自身的文化知识越充足，对这项实验研究的贡献就会越大。实验的成功就会越有保证。

让我觉得很奇怪的是，很多人认为在众多的自然科学研究过程中，只有实验心理学不需要这样的组织来支持。这一点我并不认同。如果叫心理学家安排准备者的工作，他可能会认为是在叫他准备实验仪器，这么看来，真有点物理实验的味道。很多人都不会想到，准备人员需要准备的不只是仪器这么简单，更重要的是准备实验对象。

实验不同，需要准备的实验对象自然也不同，但都属于生物有机体。一般的，如果研究的对象是一个细胞或者一个微生物，那准备人员只需要准备仪器；如果研究对象是个人，那就更需要一个真正意义上的实验对象的"准备者"。

心理学家在准备研究对象时，会向他们解释做实验的目的，以及如何才能达到预期的实验效果。心理学家非常自信，认为只要一句话就可以完全把实验对象的注意力吸引过来。在做实验时，心理学家理所当然地认为研究者与被研究者是可以互相见面的，所以就把研究对象直接带入实验室里，彼此坦诚相对。心理学家就好比是捕捉蝴蝶的孩子，先是将它抓住认真观察，再将蝴蝶放开让它飞走。然而，生物学家却不是这样的，他们在做实验之前，在科学的实验室中做好了充分的准备工作。

我们的心理实验室还没有完成得很好。在实验中，我们表现出来的心理发展的情况是不相同的，它告诉我们，儿童有必要知道其心理发展的方式，这是对儿童自由的一种尊重。除此之外，揭示心理现象的条件和形成真实材料的条件都需要进行保证。这一切的准备工作都需要一个非常特殊的实验环境，有足够实验经验的工作人员也是必不可少的。只有具备了这两个条件，才能构建出一个在复杂性和组织性上，比自然科学实验室更胜一筹的实验装备。

根据以上解释，我们不难猜出，这种科学的实验室只有在完美的学校中才能建立，老师扮演了研究生的角色。毋庸置疑，在现实生活中，这种理想化的学校是不存在的，但无疑它应该是所有学校和老师努力的目标。儿童心灵的教育和拯救，都是以自由的生活方式为基础的。只有让儿童拥有了这些权利，才能进行新的教育。

儿童的教育应该是建立在社会和哲学观念上的，而不是之前所说的"教育的义务"。因为这对社会和后代来说都是较为沉重的负担。对一些公办学校来说，如果儿童的心理不能蓬勃发展，心灵也得不到丰富，它们就最终会被取代，然后慢慢消失。大自然的美都是脆弱的，美丽的一刹那，同样也是一种结束的开始。

我们要建立的新学校，并不是为了提高儿童某一方面的能力或提高某学科的成绩而设立的，它要做的是为整个人类的进步不断做出新贡献。学生取得进步、性格变得活跃老师会很高兴，但这只站在了学生的角度上，并没有考虑到教学的科学性，看不见人类生命的伟大意义。

如果教师能沉浸在一种伟大神圣的教育思想之中，对待儿童像跟家人相处一样自然友爱，那么他们对儿童做的每件事都能使自己感到高兴、精神振奋。如果所有老师都能意识到这一点，那么教学方法必然会发生改变，要用全新的方式来做教学准备工作。如此，老师所表现出来的个性和在社会中扮演的角色都会发生改变。

目前，在进行了一次成功的实验之后，这种新型的老师已经慢慢发展起来了。这样的老师与现在的教育者很不一样，如需要学会沉默的能力以取代表达的技能，要学会用观察取代灌输式教学，用谦恭代替那种一直自认为正确的骄傲感。

世界舞台上开始出现实证科学时，教授的角色和地位也经历了变化。很久以前，教授是什么样子的呢？他们穿着用貂皮装饰的长袍，跟古代的帝王一样，喜欢高高在上地端坐着，说话的语气也很威严。他的学生必须无条件地服从于他，不管对错都是如此。必要时，还要以自己的名义向教授发誓。现在的教授恰巧相反，他们为了让学生看见自己，便站在地板上给大家上课。学生坐着听课，如此，在我们看来，今天穿着制服的教授就像一个普通的工人一样。学生们听教授的教诲、努力地证实理论，希望能凭借自己的力量把科学向前推进，他们做这些的真正目的是什么呢？是为了将自己的名字跟之前那些做过贡献的前辈的名字一样记入史册。做到了这些，学生会认为自己做的事是伟大的，是在朝着前方不断迈进的。

这个变化过程中，学校里存在的尊严和等级制度都被研究物理、化学、数学等科目中获得的兴趣取代了，兴趣是最好的老师。现在实验室的建设也是以适合物理、化学、自然现象的实验为目的的。如果这个实验室需要光，那么墙壁就会用玻璃来做；如果实验是需要避光的，就会建立一个跟冲洗胶卷的房间一样的暗室。

在实验室中无论产生怎样的实验现象，一切都是可以进行研究的。很多实验产生的现象都是不一样的。有的实验会产生香味或者臭味；有的实验会产生电火花，或者是杰斯伦试管的颜色；赫尔姆霍茨的反射灯，在金属板上形成微粒的几何图形的排列等都是可以观察到的；树叶是什么形状的，青蛙的肌肉是怎么收缩的，同样可以看得一清二楚；眼睛中的盲点和心脏的跳动节奏也一样。所有现象都同样重要，所有现象也都包含在内，在探索时只有充满渴望和执着才能进入更深层次的探索。

我们所推崇的新科学不是一种教课的艺术，很多教授说话时特别有艺术特色，讲课的姿态也非常高贵，声音铿锵有力，讲课深入浅出，开头语和结束语都能吸引学生们的注意力。但是这只能发展成为一种教课的艺术特色，对学生的影响是暂时的。我们不妨设想一下，学生从学校出来之后他们能记住的是什么？其实，印象深刻的不是老师讲课的声音，也不是老师的相貌，同样也不是讲课时所运用的艺术方法。而是老师对知识的渴望，对知识的不懈追求，这种精神才能不断激励年轻人不断探索和学习。

当然，我们应该非常尊重和热爱我们的老师。现在的学生对谦虚博学、为人类幸福不断做贡献的老师有一种发自内心的深深喜爱和尊重，与之前学生对教授的恐惧是完全不同的。

现在的教育方式要想得到根本改变，学校和老师都要随之做出改变。只

第十六章 在教育前先学会正确观察孩子

有学校里一直以自然现象为基本事实进行研究教育，如此才是更科学的学校。当然，老师要想跟上学校的步伐，自己也必须要做出科学的改变，具备应有的特征。纵观那些为科学做出巨大贡献的研究者，他们身上无一不有种不受传统思想内容支配的特点。不难理解，不同学科的科学家，包括物理学家、化学家、天文学家、动植物学家等，虽然他们研究的内容大不相同，但他们都是实证科学的研究者。他们与之前的玄学家非常不同，这里所说的不同不是内容方面的，而是研究探索方法更为科学。同样的道理，如果教学法在这些科学中要获得其应有的位置，必须在方法上有自己的特点。教师不是通过内容而是要凭借方法来为自己做准备。

老师应该具备的基本"品质"是什么呢？作为合格的教师，他要拥有观察的能力，要有足够的耐心，还要有谦卑的心态。观察能力是最基本的，这个能力非常重要，实证科学也经常被称作是"观察科学"。在观察性的实验中，观察能力是必不可少的，结合起来就称之为"实验科学"。观察不是与生俱来的，不是有知识和感觉就能获得的，这种能力需要在平时不断的实践中获得，久而久之才能养成善于观察的好习惯。

例如，我们让一个从没有接触过望远镜或者显微镜的人来进行星象和细胞活动的观察，不管示范者怎样用语言来解释应该看到些什么，外行也是不可能看到的。观察是需要训练的，这也是科学发展的重要前提。我们都知道，每当有个新发现，专业人士一定会对其细节进行全面的讲解和描述，这些细节是新发现的关键之处，缺少专业知识，就无法观察到细微的差异。要想走上科学研究之路，就必须不断训练自己的观察能力。如果不能观察到任何现象，那现象就相当于不存在一样。除此之外，科学家还要有强烈的兴趣，能全身心投入到对新事物的观察之中，这种精神是激励科学家做出贡献的不竭动力。老师也一样，如果老师在观察孩子的过程中感受到了孩子的秘密，就会为此而兴奋，更关注他所观察的对象。在观察的同时，老师自己的品格也得到了很大的提升。

除了观察能力，上面提到的品质还包括耐心。科学家可以观察到的一些特点，没有经过训练的普通人用裸眼或者借助透镜也是看不到的，主要是因为他跟科学家相比，还缺少了耐心。为了观察星空，天文学家在观察之前会非常细心地调好焦距，但是对普通人来说，他们完全没有耐心等着焦距被完全调整好。天文学家在进行他的工作时，不会认为这是一个漫长的，需要耐心等待的过程。而普通人面对这一过程，往往会很焦虑，甚至怒气冲冲地认为这是在浪费时间。所以显微镜学家在外行参观时，会事先准备好一长排对好了焦距的显微镜，因为他们非常清楚，这些参观者希望的是"立即"并且是"迅速"地看见，同时希望可以看到"大量的东西"。

为实验室工作做出贡献、非常有威望深得大家喜欢的科学家，往往都是温和而严肃的。如果一个女士请求观察他的发现，他会有条不紊地引导女士一步一步、慢慢观看。为了让女士观看，科学家会切下一小片需要观察的组织，然后把毛玻璃片和盖玻璃片都清洗干净，期间还要调整观察设备的焦距。科学家这么严肃忙碌，那女士在干什么呢？她在一旁一边看手表，一边抱怨，同时为自己找离开的理由。"我还有事""我现在必须先走"等等，她迫不及待地想要离开，因为她感觉自己已经浪费了很多时间了。事实上，她真的缺乏时间吗？她缺少的是耐心。

事实证明，缺乏耐心的人是无法正确估量事物的，他们一直忙于满足自身的冲动需求。他们只为满足自己的冲动而活，现实中，真正对他们有意义的东西估计是不存在的。只有感到了满足，他们才认为自己没有浪费时间。一旦得不到满足，他们就会感觉难以忍受或者在浪费时间。他们经常处于精神紧张的状态，或只能进行短暂的等待，这些都注定了他做的事是不会有任何结果的。

有一句意大利谚语是这样说的：徒劳的等待，是一种慢性自杀。那些缺乏耐心的人什么事也做不成，因为一到了真正要做事时，他们早就逃得远远的了。

要想做好学生的教育工作，这种态度是必须要克服的。只有跟外界相互

第十六章 在教育前先学会正确观察孩子

关联，才能有所发现，如果不能控制自己的意志力，一切就都是徒劳的。如果学生没有这样的准备，必然发现不了对研究起关键作用的微小事物，当然理解不了创造科学的理论。对那些一直为科学发展不断做出贡献的人来说，能不断从工作中发现奥秘，并加以正确的应用，是他们最宝贵的东西，是珍贵无比的财富。

做过物理实验的人都不难理解，物理学家要想把仪器放到绝对水平的位置上需要付出多大的耐心和努力。为了达到绝对水平，他们一次又一次地换螺丝钉，这个过程非常漫长，耐心和细心是必不可少的。这就是完成绝对水平所需付出的代价。如果这个实验需要在硬金属上完成，那他需要考虑的因素就更加复杂了。为了不让金属的温度变化后，引起绝对水平程度的误差，还要保持金属的温度在合理范围内变化。如此小心翼翼才能保证实验顺利进行。在很多人看来，物理学家做的事是多么微不足道啊，只不过是保持水平。

不仅物理学家在做实验时这么小心翼翼，化学家也不例外。当化学家要想找出某个物品能产生反应时需要的最小量时，他就会像个孩子一样，不停反复地摆弄着曲颈瓶。在瓶子里装满研究的物质，然后再全部倒掉，之后又加满水，观察里面发生的变化；接着，倒掉水之后，再加入水继续观察。如此反复好多次才能有所发现。如果实验成功了，物质最小的量在水里留下了痕迹，它就是最小量。看到这里，我们想到了什么呢？伟大的化学家为了找到某物品最小的反应量，居然像个孩子一样，反复研究、观察。

真正的科学家都是谦恭的，这是拥有耐心的一个重要要素。他们明白，要想继续有所作为，不论在什么时候，都必须是谦逊的。科学家总能得到大家的敬佩与他们的言行有很大关联。他们能从伟大的职业中走出来，坐在简单的桌子前继续完成工作；他们可以脱去自己神圣的衣袍，穿上白大褂继续跟他人一起完成基础的研究；他们能走出之前发现的真理给自己带来的荣誉光环，继续潜心跟学生们一起去研究发现新的真理。科学家的这种行为让学生在学到真理的同时，还能受到精神上的鼓舞，作为独立个体继续进行属于自己的研究。不论他们在哪里，都是非常谦逊的。世界上再小的东西也能吸引他，能让他全神贯注，能让他甘愿花时间去研究。

很多科学家在巨大的荣誉面前依然保持自己的谦逊本色，不会被荣誉冲昏了头脑。他们认为，谦逊才是真正的伟大，才是给予他们的真正荣誉。就算科学家是国家政府的工作人员，依然不改这种谦逊本色。他们依然可以对那些不起眼的微生物或分泌物产生巨大兴趣，专心投入到研究之中。之前独裁的科学家是不能跟现在的科学家相比的，现在的科学家用自己的力量不断为人类做出新贡献，为人类的繁荣进步鞠躬尽瘁。

不仅如此，对于谦逊的科学家来说，随时随地自我克制才是谦逊更高的表现形式。这种自我克制不仅仅是对言行的克制，更重要的是精神方面的。精神方面主要指的是科学家的信念、理想和信仰等等。如果科学家又发现了新的真理，哪怕这个真理与他之前的信念信仰相悖，他也应该不带任何偏见地去接受。要想做到这些，就必须随时随地做好放弃之前所得理论或信仰的准备。如此，经过时间的累积，能从错误中不断提升自己，头脑一直保持在清醒、透彻和坦率的状态。

作为老师，最伟大的事情就是能够在观察孩子的一举一动中发现真理。要想达到这个目标和高度，老师要不断提高自己的能力，时刻保持谦逊，善于自我约束、控制，教育儿童时要充满耐心，还有，虚荣心也要摒除，它最容易让人感到骄傲。如此，老师才能达到真正科学家的水平，才能骄傲地向人们宣告：在未来的路上大家看见的不是风中摇曳的芦苇，不是人们身上最好看的衣衫，而是一种先知。这样伟大的科学家，是带领人们看见先知的伟大人物，他不断地对人们的灵魂发出呼唤，并把大家带上通往真理的道路上，这条路会变得越来越平坦。

一个好老师比科学家更伟大。科学家的研究永远只能停留在他们所研究的物体的外部，常见的包括：电学、微生物学、化学能、星体等等，这些东西与科学家本身没有直接的联系，甚至说有非常大的距离。但是老师就不一样了，老师研究的是人类本身。儿童的心理表现比起现象方面的兴趣在老师身上能唤醒内心更多的东西，他从儿童的心理表现中获得自身内心的揭示。在研究儿童的过程中，老师自身的感受和认知也会得到进一步的提高。

老师应该仿效科学家，就像科学家能注意到每一粒物质微粒一样，细致观察到每一个潜藏在孩子内心的秘密。很多人不解，为什么老师一定要具备积极科学的品质呢？老师的任务是完成一个非常精确的教育任务，在研究过程中，不论通过什么样的方法，都应该与真理发生直接的联系。所有虚幻、不可信的谬论都要被摒弃，老师必须能判断出真理与谬论的区别，这是必须要做到的。

科学家身上有一种精神是非常值得老师学习的，他们在做研究时，即使是再小的物质微粒也能引起他们的注意，每种生命的萌芽状态也都能让他们全心去研究。在研究过程中，他们可以理性地抛弃感官上的错觉，可能给研究带来混淆作用的杂质和其他无关的物质他们也可以考虑到，并做到防患于未然。老师要想做到这些，必须通过不断实践和长时间对生活中事物的细微观察才能具备这种能力。

老师的观察态度带着神圣的味道。因为人是观察的主体，而需要观察的对象同样也是人。人本身就是神圣的代名词，所以老师的观察态度必须是神圣的。所以，为了让老师成为神圣的观察者，我会尽自己最大的努力给予最大的帮助。我会教会老师用最简单的形式观察生物；通过给予帮助，让他们对显微镜非常熟悉；让他们学会栽培植物也是必要的，这跟对自我进行观察是一样的；还要他们通过观察昆虫来了解自然界一般的生存法则；同时，在让他们关心理论的同时，还要进行实验室、户外观察等。在考虑儿童观察工作的能力时，完全不能忽略儿童的生理因素。随着儿童的不断成长，从出生到心理的形成，或向更高层次的发展做准备的阶段等等，生理需求都是不能够忽略的。

作为合格的老师，不仅要学习解剖学、卫生学或生理学等理论知识，最重要的是还要通过观察儿童的生活总结出实践道理，这样能更好地观察儿童的成长状况，及时满足生长需要的心理需求。

老师在做准备工作的时候，应该效仿生物科学的方法，也应该向自然科学和医学的学生学习。他们在做实验之前，或需要深入地研究某些问题的时候，他们总会保持直率和客观的态度，以这样的姿态来步入自然科学或医学研究的领域。

这种情况在很多地方都能看到，就拿我们学校的学生来说吧，如果被指定要做某项比较复杂的课题研究了，他们都会平心静气地开始做好准备工作，把需要浸泡的液体准备好，观察物的切片工作也弄好，然后再拿出显微镜开始认真、仔细地观察。慢慢地，他们会被显微镜下的神奇世界所吸引，其他的意识也会慢慢被唤醒，他们开始对生命抱着极大的热情和兴趣。现在，很多学生还是习惯在学校里阅读那些冗长又枯燥的书籍，但是他们在做了上文中提到的实验之后，就能真切地感受到，一本引领精神世界的自然之书正在向我们缓缓打开。它能产生让人感觉不可思议的奇迹，同时，也能让我们内心中的渴望得到满足。

这样的书应该成为新型教师授课时的新教材，虽然它发展得还不够成熟，但对老师帮助婴儿成长却有非常重要的责任。老师在进行这种教育时，对自身也是非常有益的。这种新意识可以让老师的人生观发生重大改变，还能唤醒老师的特殊行为活动和特殊的能力。

当然，这些都只是准备工作而已，老师跟植物学家和动物学家都是不一样的。后者主要做的是生理学和生态学的研究，他们也只满足于此。所以老师不能像他们那样进行观察。还有，老师也不可能像那些治疗婴儿疾病的医生一样，只会治疗生理上的疾病。这是非常不科学的。老师需要意识到，科学的教育方式是非常有限的，当认识上升到精神殿堂之后，他就完全可以像牧师那样，在宏伟的精神圣殿中满足地抬头仰望。老师的行业发展会更宽阔，前景也会更好。在观察人类的内心生活时，如果用枯燥的方式是难以让其获得满足感的，必须从之前的艺术和历史中获取新的养分才能获得满足。

生活中情感生活的表现方式，包括爱情、艺术、精神等等，都是生活中特有的，老师在观察生活为其服务的同时，也要过好自己的生活，因为每个人都会过这样的生活。这样的生活绝不会显得冷漠、枯燥，所有人都必须和大家一起共享这种社会生活，一种真实的生活。

上述提到的这个科学实验室的领域就是在学校。在学校提供的精心设计过的环境中，再加上教育的积极作用，儿童的成长就会得到无限的发展。对老师来说，他们也非常乐意注意儿童精神世界的发展。老师在不断观察儿童成长的过程中，会体会到宁静、快乐，并乐此不疲，这种感觉说明老师也在不断向"天堂"迈进。

如此，才能够成为真正意义上的"老师"。

蒙台梭利教育启示

1. 我们要研究孩子的心理活动，在教育孩子时，更多的时候不是讲话，而是沉默；多观察而不是直接灌输。

2. 作为教育者，我们要学会随时随地地自我克制。这种自我克制不仅仅是对言行的克制，更重要的是精神方面的克制。

图书在版编目(CIP)数据

蒙台梭利儿童教育手册 / (意) 蒙台梭利著；李彦芳编译. -- 武汉：长江少年儿童出版社，2017.6
ISBN 978-7-5560-1347-0

Ⅰ.①蒙… Ⅱ.①蒙…②李… Ⅲ.①儿童教育—手册 Ⅳ.①G61-62

中国版本图书馆CIP数据核字(2014)第213668号

蒙台梭利儿童教育手册

[意大利] 玛利亚·蒙台梭利 / 著　　李彦芳 / 编译
责任编辑 / 傅一新　佟一
装帧设计 / 张　青
美术编辑 / 雷俊文
出版发行 / 长江少年儿童出版社
经　　销 / 全国新华书店
印　　刷 / 江西华奥印务有限责任公司
开　　本 / 787×1092　1/16　11.5印张
版　　次 / 2017年6月第1版第1次印刷
书　　号 / ISBN 978-7-5560-1347-0
定　　价 / 35.00元

策　　划 / 海豚传媒股份有限公司
网　　址 / www.dolphinmedia.cn　邮　箱 / dolphinmedia@vip.163.com
阅读咨询热线 / 027-87391723　销售热线 / 027-87396822
海豚传媒常年法律顾问 / 湖北珞珈律师事务所　王清　027-68754966-227